Guide pratique du méditant

Comment défaire les nœuds

Bill Crecelius

Vipassana Research Publications

Vipassana Research Publications

publié par
Pariyatti Publishing
www.pariyatti.org

ISBN: 978-1-681722-92-4 (Print)

ISBN: 978-1-681722-91-7 (PDF)

ISBN: 978-1-681722-89-4 (ePub)

ISBN: 978-1-681722-90-0 (Mobi)

Maquette de couverture & illustration du nœud
www.danielhaskett.com

Table des matières

Avant-propos

Nous sommes arrivés à Bombay vers 19h après un vol agréable depuis Dubaï. Nos amis nous attendaient à l'aéroport pour nous emmener dans leur restaurant favori. C'était une belle soirée. Ma femme Anne, qui ne se sentait pas très bien, alla se reposer à l'appartement. Le reste d'entre nous poursuivit sa route. En dépit d'une circulation très dense, la soirée était agréable. Après 45 minutes dans les embouteillages, nous étions tous revigorés et de bonne humeur en arrivant au restaurant. Il y avait une énorme file d'attente à l'extérieur qui attendait une table. Ce qui se passait importait peu, que ce soit la chaleur ou les mendiants qui nous harcelaient alors que nous attendions, nous étions tout à fait joyeux malgré tous les désagréments. C'est ainsi que se déroula toute la soirée.

Le matin suivant, je me réveillai avec un sentiment similaire de bienveillance. J'entrai dans le salon où Anne et notre amie prenaient le thé. Je m'assis et elles me dirent : «Goenkaji est décédé hier soir à 22h40.» La *mettā* a immédiatement commencé à affluer. Je n'ai rien eu à faire.

Nous décidâmes de méditer puis de nous rendre à sa résidence pour lui rendre hommage. Les bonnes dispositions de la soirée précédente étaient toujours là, mais désormais elles s'accompagnaient de cette *mettā*. Lorsque nous arrivâmes à l'immeuble, des gens, visiblement debout depuis très tôt le matin, s'occupaient des préparatifs pour recevoir une foule importante. Comme nous étions arrivés tôt, vers 10h30 du matin, il n'y avait qu'une cinquantaine ou soixantaine de personnes. La pièce était très calme et les gens s'asseyaient sur des chaises ou sur des tapis en coton à même le sol pour présenter leurs respects. Tout le monde semblait très calme et paisible. Certains étaient visiblement en train de méditer. Ils étaient l'exemple de ce que Goenkaji avait enseigné sa vie durant.

Depuis la grande salle d'attente du 8è étage, on nous emmena en ascenseur jusqu'au 13ème étage où Goenkaji habitait avec sa famille. Il était étendu dans un cercueil en verre. Ce devait être la dernière fois que je voyais l'homme qui avait changé ma vie. Il était étendu là, simplement couvert d'un châle. Nous lui avons rendu un dernier hommage et la *mettā* ne cessait d'affluer.

Nous avons appris des membres de la famille qu'il était d'humeur joviale jusqu'au bout et que son décès fut paisible et sans incident, entouré de sa famille.

La raison pour laquelle j'ai écrit ce livre est essentiellement pour aider les autres, à mon modeste niveau, comme il l'a fait si largement pour moi. Il m'a initié à la voie du Dhamma et m'a donné l'inspiration de réaliser tant de choses que je n'aurais jamais imaginé faire dans la vie. Je n'ai pas atteint de hauts niveaux de sagesse, mais j'ai fait ce que je pouvais grâce à Goenkaji et à d'autres avec qui je suis entré en contact en cheminant sur cette voie. Pour cela, je suis très reconnaissant.

Remerciements

Je voudrais remercier ceux qui m'ont aidé et inspiré dans l'écriture de ce livre. Tout d'abord Anne, ma femme, qui a relu le manuscrit de bout en bout de nombreuses fois. Kim Johnston, mon vieil ami australien, m'a également aidé et a fait un beau travail d'édition. Quand j'ai récupéré le manuscrit et vu que certains mots avaient été retranscrits avec l'orthographe australo/anglaise, cela m'a fait sourire mais je n'étais pas bien sûr de savoir comment les rétablir.

Pendant de nombreuses années, Robin Curry a été un appui sans faille chaque fois qu'il fallait corriger quelque chose. Parfois, elle ruait dans les brancards à ma demande quand elle pensait à tous les moyens dont je disposais pour massacrer l'anglais châtié des britanniques, mais elle s'en est toujours sortie. Inutile de dire qu'elle a encore été là pour moi cette fois-ci. Merci Robin.

Merci à Bharathram Sundararaman, un bénévole de Pariyatti qui fut mon éditeur officiel et qui a fait beaucoup de suggestions utiles pour améliorer ce livre. Malgré une vie professionnelle et familiale très prenante, il a pris sur son temps, comme tant de bénévoles du Dhamma, pour réviser ce Guide pratique du méditant. De même, merci à Brihas Sarathy et Adam Shepard de Pariyatti, ainsi qu'à Virginia Hamilton. Merci à Daniel Haskett pour les illustrations du nœud et de la couverture.

Merci aussi à Rick Crutcher et à Paul et Susan Fleischman pour avoir regardé les premières versions du manuscrit et pour m'avoir mis sur une meilleure voie.

Introduction

J'ai appris comment maintenir ma pratique et la faire grandir. J'aimerais partager cela avec vous. D'abord en tant que célibataire dans une région où il n'y avait pas d'autres méditants, puis lorsque j'habitais dans une région avec beaucoup d'amis méditants Vipassana et enfin en tant qu' homme marié avec une partenaire dans le Dhamma, j'ai ajusté ma vie pour en faire une vie de Dhamma.

La voie du moine est grande et noble. Il est dit qu'elle est, pour le moine, limpide, sans heurt et facile à suivre. Elle est bien au-dessus de la boue et de la fange. Il y n'a ni pierre, ni galet, ni roches acérées ni épines. Malheureusement, pour nous pauvres laïques, ce n'est pas le cas. Nos vies sont remplies de responsabilités mondaines, d'emplois, de liens familiaux et de remboursement d'emprunts. A la différence des moines, notre chemin est plein d'obstacles mondains et de distractions. C'est pour cette raison que je pense qu'un *Guide pratique du méditant* pourrait être utile aux étudiants Vipassana dans leur cheminement sur la voie de la purification.

Puisque vous lisez ce livre, je présume que vous avez participé à un cours de méditation Vipassana avec Goenkaji ou l'un de ses assistants enseignants. Dans les pages qui suivent, j'espère vous offrir des moyens pour vous établir dans votre pratique de la méditation Vipassana. Peut-être avez-vous terminé un cours récemment, ou peut-être avez-vous suivi un ou plusieurs cours il y a quelques années, mais vous n'avez pas pu maintenir votre pratique. Quoi qu'il en soit, ce livre devrait vous être utile. Cependant, le lire vous aidera encore plus si vous êtes résolu à faire de sérieux efforts pour pratiquer cette méditation.

Quand j'étais jeune, j'étais scout et je n'oublierai jamais le Guide pratique des Scouts. Il contenait tout ce que vous aviez besoin de savoir pour être un bon scout. En tant qu'adulte, je suis devenu chef scout et j'ai retrouvé ce guide. Je me suis rendu compte à quel point c'était un outil formidable pour chaque scout. Tout le savoir dont vous aviez besoin était dans ce petit livre.

J'ai réfléchi au cours des années passées à travailler et à suivre le chemin du Dhamma et me suis dit, ne serait-il pas formidable d'avoir un livre comme celui-là ? Il n'enseignerait pas à effectuer des nœuds mais à défaire ceux de l'avidité, de l'aversion et de l'ignorance dans nos esprits. Ce serait un outil vraiment pratique pour quelqu'un qui suit la voie du Dhamma.

Heureusement, ou plutôt pourrait-on dire grâce à mon bon karma, j'ai rencontré beaucoup de gens qui m'ont aidé au début de mon apprentissage. Le premier et le plus important, fut mon père dans le Dhamma, Goenkaji, qui me fit découvrir la voie du Dhamma et me guida jusqu'à sa mort en 2013. Ensuite, j'ai eu beaucoup de chance en rencontrant un certain nombre d'anciens étudiants de Sayagyi U Ba Khin qui étaient aussi devenus enseignants. Certains m'ont aidé dans ce projet de vie qui consiste à défaire les nœuds. Combien de leçons précieuses et variées j'ai reçu d'eux !

J'ai eu aussi la bonne fortune d'entrer en contact avec beaucoup d'autres étudiants de Sayagyi U Ba Khin qui malgré leur niveau élevé de pratique ne furent jamais nommés enseignants. Eux aussi m'ont comblé de ce qu'ils avaient appris assis à ses pieds. Non pas de façon formelle mais par des conversations et en montrant l'exemple au cours de toutes ces années.

Bien sûr, il y a eu aussi mes compagnons de méditation. Ils sont tellement nombreux qu'il est impossible de les mentionner tous ni même d'identifier quelles leçons ils avaient à nous faire partager. De certains, j'ai appris des choses positives, mais pour d'autres, j'ai appris par leur mauvais exemple, comme c'est parfois le cas. Je suis désolé pour eux mais je les remercie quand même.

Le plus grand enseignant de tous les temps fut le Bouddha. Il a découvert la voie sur laquelle nous cheminons et au lieu de la garder pour lui, il l'a partagée avec tous ceux qui sont venus à lui. A présent, après tant d'années passées, cette lignée d'enseignants continue de transmettre son enseignement authentique. Durant tous ces siècles et à travers de si nombreuses générations, il y a eu tellement de gens qui ont préservé cet enseignement, directement ou indirectement, pour le bienfait des générations futures!

Combien d'enseignants y a t-il eu ? Nous savons que, sur les 100 dernières années environ, il y en a eu quatre (Ledi Sayadaw, Saya Thetgyi, Sayagyi U Ba Khin et Goenkaji), ce qui laisse penser qu'il y a eu au moins une centaine d'enseignants dans la lignée au cours des 2500 ans écoulés. Cela donne une idée du nombre d'*ācariyas* (enseignants) qui nous séparent du Bouddha. Comme nous sommes heureux que ces merveilleuses personnes au cœur pur aient partagé ce joyau de telle sorte que nous puissions y accéder aujourd'hui.

Au cours de ces années, l'enseignement s'est adapté aux époques. Quand le Bouddha était en vie et pendant un court laps de temps après sa disparition, il y a eu de nombreux *arahants,* des êtres complètement libérés, qui ont conservé l'enseignement totalement pur. Au fil du temps, les laïcs se sont mis à aider les moines de façon plus formelle et ce qui devait plus tard être connu sous le nom de religion bouddhiste a pris forme, mais c'était encore presque exclusivement des moines qui enseignaient la méditation à d'autres moines. Dans notre lignée, ce fut le vénérable Ledi Sayadaw qui transmit l'enseignement à un fermier du nom de Saya Thetgyi, qui devint le premier enseignant laïc. Ce fut un coup de maître car, à l'aube du vingtième siècle, un monde nouveau basé sur la révolution industrielle et les technologies informatiques était sur le point d'émerger ; une nouvelle façon de transmettre le Dhamma allait s'avérer nécessaire.

Saya Thetgyi, Sayagyi U Ba Khin et S.N. Goenkaji remplirent la mission qu'il avait conçue pour eux, et ce avec un style et une solidité exceptionnels dont le monde a grandement bénéficié.

A présent, nous avons la chance d'avoir des centres dans le monde entier où les gens peuvent recevoir les enseignements du Bouddha dans des endroits confortables, faciles d'accès et proches des principales villes du monde. La présentation des enseignements est facile à comprendre et un grand nombre de servants du Dhamma donnent leur temps et leur *mettā* afin que de plus en plus de gens puissent recevoir le Dhamma.

Puisse votre chemin être sans entraves et lumineux. Puissiez-vous être heureux. Puissiez-vous devenir pleinement libéré.

Mise au point

Lors d'une conversation récente avec un ami, j'ai réalisé que ce livre pouvait donner l'impression que je ne fais que méditer. Peut-être comme une sorte de quasi-moine. La réalité est loin de ça, bien que je prenne très au sérieux de préserver du temps pour méditer.

Depuis que j'ai commencé à méditer, il y a eu trois phases dans ma vie. La première a consisté à voyager, méditer et à m'immerger dans le service du Dhamma. Je découvris la voie alors que j'étais un voyageur et une grande partie de ma vie à cette époque fut dédiée à la méditation et aux voyages, en Inde et en Birmanie, pour participer à des cours et pour servir le Dhamma.

Puis je me suis marié et nous avons eu un fils. Ceci marqua le début de la deuxième phase où j'ai occupé différents emplois pendant les 27 années qui suivirent et ait fait ce que tout mari et père fait habituellement, sauf que je méditais deux fois par jour, et participais chaque année à un cours de 20, 30 ou 45 jours. J'ai également entièrement rénové deux maisons, construit quelques bâtiments et me suis intéressé à nombre de choses, telles que le jardinage, la menuiserie, l'ébénisterie, le Pali etc. Je ne passais donc pas mon temps à me regarder le nombril.

De plus, il y avait toutes les occupations familiales comme les matchs de foot où je devais aller, les devoirs, les scouts, les séjours en camping, les projets scolaires, etc.

La troisième phase a débuté lorsque nous sommes partis à la retraite et que nous avons commencé à servir le Dhamma à temps complet, tout en poursuivant les activités mentionnées ci-dessus.

Il n'est pas nécessaire de devenir un ermite pour être un méditant. Profitez des choses de ce monde et assumez vos responsabilités, mais appliquez-vous à incorporer le Dhamma dans votre vie. Vous pouvez le faire. Le Dhamma vous donnera l'énergie pour faire tout ce que vous avez besoin de faire, et plus encore.

Se mettre en route

Vous avez maintenant fait l'expérience des subtilités de l'esprit et du corps qui vous sont accessibles avec un simple cours de dix jours de méditation Vipassana.

Bien que vous ayez peut-être commencé à travailler à un niveau qui était un peu superficiel au début, en seulement dix jours vous êtes parvenu à déplacer l'esprit d'un niveau grossier à un niveau bien plus subtil. Vous avez aussi fait l'expérience de quelque chose d'autre. En pratiquant des règles strictes de moralité, vous avez réussi à calmer l'esprit afin qu'il vous permette de sonder plus profondément en vous.

Qui aurait pensé que cela puisse être possible ? Juste de l'autre côté de la porte, il y avait toujours tout le chaos et l'indiscipline du monde de tous les jours. Mais vous viviez dans un cocon, celui dans lequel vous aviez choisi d'habiter dans l'espoir d'apprendre quelque chose qui pourrait vous aider. Qui aurait pensé que ce mode de vie vertueux, combiné à une technique de méditation vieille de 2.500 ans, vous donneraient ces sentiments de satisfaction, de calme, de joie et de compassion pour les autres que vous avez ressentis à la fin de votre cours ?

Il se peut qu'il se soit écoulé un certain temps depuis votre dernier cours et que les sentiments ressentis le jour de *mettā* ne soient plus aussi intenses dans votre esprit à présent. Cependant, si vous y pensez attentivement, ils peuvent revenir. Je me souviens qu'un jour, j'étais en voiture avec un client qui me dit : « Vous savez, il me semble vraiment que je vous connais». J'ai dit oui, j'ai le même sentiment. En échangeant nos souvenirs, il s'est avéré qu'il avait suivi l'un des premiers cours aux États-Unis de Goenkaji quand celui-ci commença à se déplacer en dehors de l'Inde, mais il avait cessé de pratiquer depuis. Il me dit : « Vous savez, cela a été l'expérience la plus profonde de toute ma vie.» J'ai entendu cela à de nombreuses reprises dans le passé, de la part de personnes qui avaient suivi un cours mais avaient abandonné leur pratique. Cette expérience est encore fermement établie dans leur esprit comme quelque chose de tellement spécial qu'elle se démarque de tout ce qu'ils ont pu faire d'autre depuis.

A une autre occasion, je déjeunais avec une ancienne étudiante et elle se plaignait de ne pas être en mesure de maintenir sa pratique. Elle avait oublié à quel point la pratique est bénéfique, les distractions de la vie quotidienne et les vieilles habitudes reprenant le dessus. Réalisant combien ses plaintes étaient superficielles, elle dit : « Parfois j'oublie simplement à quel point il est bon de pratiquer et les bénéfices que j'en retire. »

Vipassana vous intègre dans la société d'une manière qui est positive, consciente, moralement saine et qui conduit à aimer les autres autant que vous vous aimez vous-mêmes. Pour acquérir la sagesse de l'impermanence (*anicca*), vous devez faire des efforts et cela finira par vous mener au but final.

La raison habituelle pour laquelle les gens arrêtent de méditer après un cours est que la forte conscience de la nature changeante des sensations (*anicca*) se dissipe lentement au fur et à mesure que l'on réintègre la société. Tous les stimuli externes vous assaillent constamment et très vite *anicca* est oublié. Votre moralité aussi s'affaiblit et de ce fait, votre conscience d'*anicca* en souffre. Si vous laissez cette *anicca* s'échapper, vous serez confrontés à des assises qui vous sembleront pénibles. Elles vous demanderont un effort important du début à la fin, comme celles au début d'un cours. Si vous ne faites pas attention, vous laisserez ce joyau précieux vous échapper.

Lorsque j'ai commencé à pratiquer, ce fut comme si j'avais vécu auparavant avec un nuage devant les yeux. Après avoir suivi un cours de Vipassana, le nuage commença à s'estomper. Il y a de la lumière à travers ces nuages et vous pouvez la voir. C'est comme lorsque vous êtes en vol à haute altitude et que votre avion commence à descendre à travers les nuages, tout devient sombre et le ciel est couvert, mais vous savez que de l'autre côté de ces nuages il y a la clarté de la lumière du soleil. Désormais, vous avez l'outil pour dissiper ces nuages.

Pour atteindre cette clarté solaire, vous pouvez vous faciliter la tâche en essayant d'éliminer de votre vie les distractions qui rendent plus difficile votre cheminement sur cette voie du Dhamma. Il y a différentes façons de le faire et vous trouverez peut-être utile de commencer dès maintenant, pendant que l'expérience du cours est encore fraîche. Toutefois, si vous n'avez pas suivi de cours depuis longtemps, faites tout de même ce premier pas, peut-être en passant plus de temps avec *ānāpāna*. Participez à nouveau à un cours ; cela vous remettra sur le chemin.

Lors d'un cours dans un centre, tout est contrôlé et mis en place de façon ordonnée, parce que la méditation est la seule activité qui s'y déroule. Beaucoup de réflexions ont présidé au fonctionnement du centre, basées sur l'expérience de nombreux étudiants. Il pourrait vous être utile d'intégrer une petite partie de cette expérience du centre dans votre vie quotidienne afin qu'il y ait quelque chose à quoi vous raccrocher dans toute l'agitation de la vie laïque. Un endroit auquel vous pouvez accéder pour vous rappeler cette expérience.

Assises quotidiennes

Ces deux assises quotidiennes sont fondamentales. On ne pourra jamais insister suffisamment sur leur importance parce que si vous commencez à en manquer certaines, il devient plus difficile de méditer. Lorsque vous venez à un cours pour la première fois, il se peut que vous soyez assez « rugueux », mais à la fin des dix jours vous avez vu une transformation en vous-même. Vous pouvez maintenant facilement ressentir des sensations, alors qu'avant le cours vous étiez probablement totalement inconscient de l'existence même de ces sensations. Afin de maintenir un niveau de conscience dhammique en vous, vous avez besoin de ces sessions régulières de méditation. Elles maintiennent en vie la pureté que l'on a mise en place. Ces deux heures par jour, matin et soir, sont absolument nécessaires.

Il se peut que, de retour à la maison, vous trouviez qu'il n'est pas si facile de méditer. Il se peut même que vous remarquiez un changement d'atmosphère dès que votre voiture s'éloigne du centre.

Vous n'êtes plus dans un endroit où des milliers de personnes ont médité pendant de nombreuses années. Des distractions apparaissent presque aussitôt. Lorsque vous vous arrêtez pour faire le plein ou peut-être prendre un journal, acheter une glace ou une boisson, il se peut qu'il n'y ait plus aucune pensée pour le Dhamma. Toutes ces choses sont normales, mais vous pouvez voir comment l'atmosphère du centre peut être oubliée sur le champ. Si vous voulez sérieusement développer la pratique, vous devez, pour être dans l'esprit du Dhamma, trouver un endroit distinct des activités quotidiennes habituelles.

Gardant cela à l'esprit, la première chose à faire est d'organiser votre endroit pour méditer. Comme le mentionne Goenkaji dans le discours final d'un cours de dix jours, il est bon d'avoir un endroit pour méditer qui soit toujours le même. Il est préférable que ce soit un endroit assez calme et éloigné de la circulation habituelle dans la maison. L'idéal serait une pièce à part. Un grand placard qui n'est pas utilisé va très bien, même si c'est une chose assez rare, en tous cas chez moi. Si vous n'avez pas un petit coin aussi évident à votre disposition alors un endroit dans votre chambre ou bureau qui n'est pas beaucoup utilisé fonctionnera. Un bon endroit est un endroit où vous pouvez installer vos coussins, châle, minuterie, etc. sans qu'ils soient déplacés. Pour une liste d'idées voir l'annexe 1.

C'est tellement important de créer un espace dans lequel vous pouvez méditer deux fois par jour. L'endroit va se remplir de vibrations du Dhamma et de sentiments de *mettā*. Cela se renforcera au cours des années et vous trouverez qu'il est plus facile d'y méditer.

Vous opérez un changement important dans votre vie. En ayant un endroit consacré pour la méditation, vous créez une habitude. C'est l'endroit où vous venez pour purifier votre esprit. C'est l'endroit où vous ne serez pas dérangé et où vous pourrez cheminer sur la voie du Dhamma. Cet endroit vous aidera à rester sur la bonne voie et à ne pas oublier vos assises. Tout est là, tout prêt. C'est un Dhamma hall instantané.

Vous avez peut être remarqué le jour dix, que nous appelons jour de *mettā*, qu'une fois que vous avez commencé à parler, tout a changé. Vous êtes devenu extraverti et les pensées de l'assise ont disparu. Cependant, à 14h30, il y avait une méditation. C'est une méditation très importante ; réfléchissez-y quand vous rentrez chez vous et voyez combien il peut être difficile de méditer. Quand vous avez commencé cette session de méditation de 14h30 il se peut que vous ayez immédiatement remarqué que votre méditation était différente. Votre esprit était probablement distrait ou agité et il lui était difficile de se calmer. Peut-être aviez-vous des douleurs et des courbatures. Votre méditation avait changé et vous n'aviez parlé qu'un court moment. À la fin de l'heure, cependant, votre esprit s'était probablement un peu calmé et vous étiez à peu près dans l'état où vous étiez à 9 heures, juste avant l'apprentissage de la pratique de *mettā*. Et à la méditation de groupe de 18 heures, vous aurez vu la même chose se reproduire.

Si vous n'êtes pas attentif, vous ne le remarquez pas, mais c'est une leçon très importante. Cela vous donne un aperçu de ce qui se passe dans le monde extérieur et de pourquoi vos assises quotidiennes sont si importantes. Vous verrez également que c'est un phénomène naturel et que vous n'avez rien fait de mal. Il est facile de penser que vous ne pouvez pas le faire ou que c'est trop dur. C'est en fait une situation très dangereuse et l'une des plus difficiles à affronter, car, face à ces sensations indistinctes ou désagréables ou face au vagabondage, de l'esprit, vous pourriez être tentés d'arrêter de vous asseoir. Si vous deviez arrêter de méditer, cela ne ferait que compliquer les choses. C'est par vos assises de méditation que vous êtes capable de garder la conscience de la nature impermanente des sensations et ainsi de méditer correctement. Vous devez être prêt à accepter n'importe quelle sensation qui apparaît et à ne pas avoir de préférences pour l'une ou l'autre.

Je vais donner un exemple. Lorsque je suis retourné aux États-Unis après mes années de voyage, j'ai décidé de vivre à Berkeley, en Californie, où je savais qu'il y avait beaucoup d'autres méditants récemment rentrés d'Inde eux aussi. Je savais que ces amis sur la voie soutiendraient ma pratique. Je louai un appartement et m'installai pour vivre une vie de laïc. Un soir, alors que je méditais, j'eus l'impression d'avoir été assis pendant au moins une heure. Je regardai ma montre. Dix minutes s'étaient écoulées, bien loin d'une heure. Je repris ma pratique et il me sembla qu'une autre heure venait de passer. J'étais tellement agité et distrait. Je consultai ma montre à nouveau et seulement cinq minutes de plus s'étaient écoulées. Ceci se produisit de nouveau à plusieurs reprises. Heureusement, je réalisai que j'étais à un carrefour : si je laissais mon mental me jouer des tours et que je me lève pour arrêter de méditer après seulement quinze minutes, j'allais à l'échec. Cette session dura, dura et dura. Je pensais qu'elle ne finirait jamais. Des vies entières s'écoulèrent, mais je ne renonçais pas. Cela ne se reproduisit jamais avec une telle intensité. J'avais surmonté ce mental qui ne veut pas changer. Voici le genre de choses contre lesquelles vous devez vous prémunir quand vous commencez votre pratique à la maison. Le mental s'opposera à vous et ce sera différent de ce qui se passait pendant le cours.

D'autres obstacles peuvent apparaître lors de vos sessions de méditation quand vous commencez à pratiquer à la maison et que vous continuez jour après jour. Parfois, vous vous trouverez dans un brouillard pendant vos heures de méditation. Il se pourrait même que vous vous endormiez en étant assis. Cela pourrait se produire le matin ou le soir ou peut-être les deux. Il est impossible de prédire quand cela se produira ou même si cela se produira. Vous pourrez avoir l'impression, comme ce fut le cas pour d'autres, que vous perdez votre temps à méditer quand cela arrive. Je tiens à vous assurer que vous ne perdez pas votre temps. Même s'il semble que vous essayez de marcher dans la boue ou de nager dans la mélasse, cela ne passera que si vous persévérez. Comment faire ?

Quand cela se produit et que vous devenez conscient que vous avez perdu votre attention, recommencez avec un esprit aussi calme que possible. Essayez *ānāpāna* pendant un certain temps et prenez quelques respirations intentionnelles. Utilisez des respirations un peu plus fortes afin que vous puissiez les sentir. Vous émergerez de temps à autre à la surface de cet esprit lourd qui divague et travaillerez avec la conscience des sensations et la réalisation de leur nature impermanente. Vous verrez que cela finira par passer. Il est possible qu'il n'y ait que quelques minutes dans l'heure où vous êtes bien éveillé, concentré, et où votre esprit est aiguisé, mais ce sont des minutes très précieuses. Ne les sous-estimez pas. Utilisez-les à bon escient et ne vous inquiétez pas de ce que vous pensez avoir manqué. Vous avez travaillé pendant toute la période de méditation, même si elle n'a peut-être pas répondu à vos attentes. Si votre emploi du temps n'exige pas que vous soyez quelque part juste après l'assise et si, à ce moment-là, votre esprit est clair, alors asseyez-vous un peu plus d'une heure. Chaque moment assis sur le coussin est précieux si vous ramenez votre esprit à l'objet de méditation sans réagir. Alors, vous agissez de façon correcte.

Une dernière chose : il y a des gens qui ont exactement l'expérience inverse. Ils constatent que lors des dix premières minutes de l'heure, ils sont très vifs, très alertes, puis ils dérivent dans ce brouillard où ils ne savent même plus où ils en sont. Cela n'a pas d'importance. Poursuivez la méditation, finissez l'heure. Il n'y a aucun moyen de savoir ce dont vous allez faire l'expérience pendant vos sessions. Le but est de faire une observation sans choix de n'importe quelle sensation qui se présente. La même chose s'applique pour toutes les sessions de méditation. Observez les sensations qui se présentent, peu importe ce que vous ressentez à cet instant. Essayez d'allonger la durée où vous êtes attentif. Ces états grossiers sont une manifestation de ce qui est à l'intérieur de vous. Si vous continuez à les observer avec équanimité, vous faites votre travail. Si vous y réfléchissez bien, après toute une journée à circuler dans le monde avec la folie qui l'habite, il est peu surprenant que votre corps vous semble être un bloc de ciment et qu'il vous soit difficile de ressentir des sensations.

Si votre esprit n'est pas vif et pénétrant, passez plus de temps avec *ānāpāna* avant de passer à Vipassana. Un esprit aiguisé vous aidera à vous calmer. De même, un esprit calme rendra votre *samādhi* acéré. Lorsque vous prenez conscience que l'esprit vagabonde, essayez quelques respirations intentionnelles pendant un moment. Si rien de ce qui est mentionné ci-dessus ne fonctionne, essayez de méditer les yeux ouverts pendant quelques minutes en laissant un peu de lumière y entrer.

Quoi que vous fassiez, ne vous avouez pas vaincu, ne pensez jamais que tout est perdu. Exercez simplement un effort juste afin de faire de chaque session de méditation une réussite. Elles seront toutes différentes et quand vous arriverez à accepter cela et à ne pas attendre quelque chose que vous pensez être « méditer », vous aurez fait un grand pas dans la bonne direction.

Donc, une fois votre espace organisé, vous devrez en discuter avec votre famille ou vos colocataires. Il se peut qu'ils l'acceptent facilement, mais il est possible aussi que cela soit difficile pour eux et qu'ils soient jaloux de ce temps que vous prenez pour vous-même. Dites-leur que vous avez découvert cette pratique de méditation et qu'elle est très importante pour vous. A partir de maintenant, vous avez l'intention de méditer deux fois par jour, matin et soir, une heure à chaque fois. Cela vous aidera à ne pas vous sentir coupable quand vous devrez vous isoler pour méditer. Une fois qu'ils savent ce que vous faites, ils commenceront à vous respecter pour cela, surtout lorsqu'ils verront des changements positifs se produire en vous.

Il est bon d'essayer de méditer à la même heure chaque jour. Vous pouvez choisir de le faire immédiatement au lever ou juste après votre routine matinale. Peut-être avez-vous besoin d'abord d'un peu d'énergie dans le ventre, alors asseyez-vous juste après votre petit-déjeuner. Quoi que vous décidiez, il est préférable de garder la même heure chaque jour parce qu'ainsi vous établirez une habitude régulière. Si vous laissez simplement cela au hasard, vous aurez bien de la chance si vous arrivez à tenir une semaine.

Si vous vivez avec d'autres personnes, il est probablement préférable de méditer avant qu'elles ne se réveillent. Ainsi, la maison ou l'appartement sera très calme et vous ne serez pas distrait par les bavardages et les va-et-vient. Soyez prudent car les autres personnes seront une grande distraction. En revanche, si ce sont également des méditants, ils peuvent vous donner de la force et vous devriez utiliser leur force pour vous aider. Asseyez-vous ensemble chaque fois que possible. Essayez de vous asseoir avec elles au moins une fois par jour pour une méditation de groupe.

Vous devez également évaluer votre style de vie. Dans la soirée, lorsque vous quittez le travail, vous arrêtez-vous à la salle de gym sur le chemin de la maison, jouez-vous au tennis ou pratiquez-vous un autre sport ? Lorsque vous arrivez à la maison, est-ce que généralement vous allez courir ou est-ce que vous sombrez dans votre fauteuil préféré pour vous scotcher devant la télé ? Quoi que vous fassiez, pensez à votre soirée. Quel sera le moment le plus favorable pour insérer cette heure de méditation ? Certaines personnes aiment s'asseoir dès qu'elles arrivent à la maison. D'autres choisiront de le faire après le dîner ou avant d'aller au lit. Vous devez prendre ces décisions vous-même, mais décidez de ce que vous allez faire dès que vous rentrez du cours et que vous avez installé votre espace de méditation. Vous devez être habile et vos intentions doivent être correctes. Si vous prenez de telles dispositions, vous réussirez.

À Berkeley, mon colocataire et moi avions l'habitude de nous asseoir à 6 heures et à 18 heures. Cela fonctionnait vraiment bien, puisque de nombreux amis le savaient et passaient à ces heures pour se joindre à nous. Quoi que vous décidiez, tenez-vous en à votre planning.

Et surtout, vous devez vous efforcer de méditer ce premier soir, quand vous rentrez à la maison après un cours. Vous venez d'être bombardé par un tel éventail de stimuli ces dernières 8-10 heures, depuis que vous avez quitté le cours, que vous avez besoin de revenir là où vous étiez quand vous avez quitté le centre. En vous asseyant ce tout premier soir, vous prenez de l'élan pour établir une habitude qui vous conduira à une pratique solide.

Une grande distraction

Il y a une chose à laquelle vous devriez réfléchir, qui est tellement étrangère à notre culture nationale que je veux introduire ce chapitre en vous racontant mon expérience avant de vous laisser vous faire votre propre opinion. Ce pourrait bien être le caillou noir dans le *kheer* (crème de riz sucrée) dont parle Goenkaji dans son dernier discours, où le garçon jette tout le dessert à cause d'une graine de cardamome qu'il y a trouvée. Cette grande distraction, ce sont les intoxicants.

Lorsque je suis sorti de mon premier cours, j'ai remarqué que certains étudiants jetaient leur haschisch et s'engageaient dans un nouveau style de vie tandis que d'autres s'allumaient un joint. La drogue et l'alcool font tellement partie de la culture occidentale que beaucoup se refusent à y renoncer dans un premier temps et, surtout, ne voient pas de raison de le faire.

Ce que j'ai découvert au cours des premières années où j'essayais de méditer après avoir pris un verre, c'est que c'était comme regarder à travers un objectif enduit de Vaseline. La drogue ou l'alcool agit comme un filtre. Dans le monde du cinéma, on utilise ce genre de filtre sur les caméras pour faire croire à la beauté d'un mannequin ou d'une actrice qui n'est plus dans la fleur de l'âge. C'est la même fausse impression que celle produite par la consommation de drogues.

Une autre analogie est celle des vitrines de magasins que l'on recouvre d'un film blanc pendant qu'elles sont rénovées, de façon à ce que l'on ne puisse pas voir à l'intérieur. On peut encore deviner certaines choses à travers, mais tout est flou. C'est ainsi que les drogues et l'alcool affectent la perception. Ce sont des occultants qui empêchent de voir ce qui se passe vraiment.

Une autre impression erronée est que les drogues élèvent le niveau de conscience. Ceci est totalement faux. Certaines drogues altèrent la conscience et d'autres la modifient. Rien de tout cela ne peut bénéficier à un méditant car il lui faut voir la réalité telle qu'elle est pour faire l'expérience de la vérité.

Il se peut que ceux qui s'anesthésient pour noyer quelque chagrin passé soient heureux de vivre ainsi. Mais la méditation consiste à soulager les peines passées en les ressentant en tant que sensations. Nous avons trouvé un outil qui nous permet de gérer les vicissitudes de la vie, mais au lieu d'aiguiser le tranchant de cet outil pour tailler dans cette masse, nous l'émoussons jusqu'à ce qu'il devienne pratiquement inutilisable.

En tant que nouvel étudiant, vous devez prendre cette décision vous-même. Je n'ai jamais été très enclin à écouter les conseils des gens plus intelligents que moi, jusqu'à ce que je rencontre Goenkaji. Si mon père avait été encore vivant quand j'ai commencé à méditer, il aurait probablement été choqué de me voir écouter quelqu'un de plus sage que moi, mais il en aurait été également très heureux.

Si vous sentez que vous êtes prêt à franchir ce pas aujourd'hui, et j'espère que vous considérerez cette idée sérieusement, je vais vous donner quelques recommandations pour vous aider à mener à bien votre projet. Sinon, ne jetez pas le délicieux *kheer* à cause d'un minuscule morceau de cardamome. Continuez, je vous prie, à méditer. C'est la chose la plus importante.

Si vous avez décidé d'essayer, commencez par regarder dans votre réfrigérateur et vos placards. Y a-t-il de l'alcool ? Peut-être aviez-vous l'habitude de prendre un verre de vin au dîner ou une bière fraîche les jours d'été. Si vous trouvez quelque chose, videz-le dans l'évier. Il ne s'agit pas de tout boire pour s'en débarrasser avant de commencer. Le mental est bien rusé.

Il y a encore une chose dont vous devez vous occuper. Y a-t-il une réserve cachée quelque part dans la maison ? Des plants qui poussent dans le jardin ? Ces tentations doivent être éliminées sinon elles vont vous plomber et vous empêcher d'avancer sur le chemin.

Notez que je ne vous ai pas dit de donner tout ça à un ami. Non, n'aidez pas quelqu'un d'autre à embrumer son esprit. Ce n'est pas votre rôle. Vous avez décidé de modifier votre comportement pour cheminer sur le Chemin du Dhamma, ce n'est pas parce que d'autres n'ont pas encore pris cette décision que vous allez les encourager en leur donnant des intoxicants.

Si vous décidez à ce moment-là d'inclure le cinquième précepte dans votre vie, il y a des occasions où les gens peuvent se montrer particulièrement insistants dans leurs efforts pour vous faire prendre un verre. Cela arrive généralement lors d'événements spéciaux comme les mariages, les réveillons, etc. A ces occasions, les gens se sentent obligés de porter un toast. C'est une tradition bien enracinée en Occident. Il y aura toujours une ou deux personnes qui dépasseront les limites du bon goût et vous provoqueront pour que vous vous joigniez au toast avec une boisson alcoolisée. C'est dans ces moments-là que vous devrez être extrêmement habile et défendre votre droit sans vous laisser submerger. Il est souvent utile d'avoir à la main un verre d'eau gazeuse ou de boisson non alcoolisée et simplement de le lever en disant que tout va bien.

Rappelez-vous que vous n'êtes pas seul lorsque vous commencez à essayer de mener une vie plus conforme avec le Dhamma. Le pouvoir du Dhamma est très puissant et il vous aidera vous aussi.

Le soutien du Dhamma

Il peut sembler très difficile de vivre dans une société qui n'honore pas les gens qui observent les cinq préceptes, mais vous trouverez que les forces de la nature vous viendront en aide. Par exemple, l'une de ces aides sera vos assises quotidiennes. Si vous vous asseyez chaque fois à un endroit désigné, cet endroit que vous avez choisi va commencer à se charger de vibrations du Dhamma. Même si, dans un premier temps, elles ne sont que très faibles, elles vont se développer. Et alors, lorsque vous vous assiérez pour méditer, vous saurez que vous entrez dans un espace du Dhamma, même s'il ne fait qu'un mètre carré de surface.

Pour aider cet endroit à devenir plus fort plus rapidement, commencez à inviter vos amis qui sont aussi des méditants dans cette tradition. Organisez une méditation de groupe avec eux à votre place habituelle. Ils peuvent s'asseoir autour de vous pour que vous méditiez ensemble. Vous en profiterez tous. Invitez-les peut-être à dîner et discutez avec eux. Vous vous apercevrez que toutes ces préoccupations au sujet de *sīla* (moralité) ne sont plus un souci avec ces amis. Il sera plus facile de vivre une vie dans le Dhamma.

Il peut également être utile d'avoir des enregistrements des chants de Goenkaji. Ces paroles du Dhamma chantées encore et encore dans votre espace de méditation vous aideront. Les discours du soir sont également disponibles. Chaque fois que vous les écoutez, vous apprenez quelque chose de nouveau.

Ensuite, il est important d'être au courant des méditations de groupe. Ce sont des activités auxquelles vous devez vous efforcer de participer. S'asseoir avec d'autres pratiquants de cette technique rechargera vos batteries. Cela sera presque aussi bien que de s'asseoir dans un centre. Ces séances sont publiées sur le site internet de votre centre régional ou bien vous pouvez vous renseigner là où vous vous êtes assis pour votre dernier cours. Ce ne sont pas des rencontres sociales, mais plutôt une occasion de pratiquer avec des personnes partageant un même état d'esprit pour ainsi développer votre pratique ensemble. Vous bénéficierez tous de ce coup de pouce. S'il n'y en a pas près de chez vous et que vous connaissez quelqu'un aux alentours qui pratique Vipassana tel qu'enseigné par S.N. Goenka, réunissez-vous, choisissez un lieu et un horaire, et asseyez-vous régulièrement ensemble, chaque semaine si possible. Vous vous renforcerez avec ces sessions de groupe.

Les cours d'un jour sont également un soutien utile pour votre pratique. Vous pouvez regarder en ligne pour voir si vous habitez dans une région où il y a des cours d'un jour. En participant à un cours d'un jour, vous pouvez renforcer votre conscience de la nature impermanente des sensations (*anicca*) que vous ressentez et cela vous aidera à avoir des séances de méditation plus solides. Vous ferez Anapana pendant un tiers du temps et pendant les deux tiers restants, vous pratiquerez Vipassana. À la fin de la journée, votre appréciation d'*anicca* pourrait même être revenue au niveau atteint à la fin de votre dernier cours. C'est tellement important si vous voulez maintenir une pratique quotidienne.

S'il n'y a pas de cours d'un jour dans votre région et si un assistant enseignant vit à proximité, peut-être en le lui demandant, pourriez-vous obtenir son aide pour en organiser de temps à autre. Les autres méditants de votre région vous en seront reconnaissants. Si cela n'est pas le cas, alors vous pouvez faire votre propre cours vous-même régulièrement. Pendant les deux premières années après mon retour d'Inde, un week-end sur deux, je m'asseyais seul pour un cours d'une journée. Cela m'a beaucoup renforcé et il en sera de même pour vous. Le mieux est de commencer à 04h30 et de travailler jusqu'à 21h00, comme je le faisais ; mais même si vous ne faites pas cela et que vous utilisez l'emploi du temps plus détendu du cours officiel d'un jour - de 9h00 à 16h00 ou 17h00 - cela vous aidera beaucoup.

Si c'est pratique, vous pouvez aussi aller au centre pour une session de groupe, une période dédiée au service du Dhamma, un cours de courte durée ou tout autre événement.

Ce que vous devez retenir à propos des cours d'un jour et des méditations de groupe, c'est qu'ils vous aident à optimiser votre pratique. Les visions, les sons et les images qui nous mitraillent toute la journée nous tirent vers le bas. Peut-être que vous n'en êtes pas très conscient, ou peut-être l'êtes-vous, mais c'est plus ou moins la haine, la cupidité et l'illusion toute la journée. Les professionnels sont devenus experts à nous distraire ; les universités enseignent la façon d'attirer l'attention des gens, de façon consciente et même inconsciente, afin de pouvoir les influencer. Achetez ceci, désirez cela, on nous joue ça en boucle. Quand ils quittent le monastère, les moines marchent tête baissée et sans détourner les yeux, afin d'éviter tous ces stimuli. Vous serez en mesure d'en éliminer une partie en choisissant ce que vous lisez ou regardez à la télévision, ou quel film vous allez voir, mais même ainsi, cela imprègne l'atmosphère. Les sites internet que nous regardons en sont remplis, ainsi que nos e-mails et maintenant même nos téléphones. Ces cours d'un jour seront donc très importants pour recentrer votre esprit sur la nature de l'impermanence. Quand vous vous asseyez sur votre coussin, c'est comme si vous vous passiez à travers un filtre ; vous passez à travers et tous les déchets restent dans le filtre. Vous vous levez de votre coussin revigoré.

Le jour onze, Goenkaji recommande aux étudiants d'essayer de participer chaque année à un cours de dix jours. Si vous suivez ce conseil, cela vous apportera d'énormes bienfaits. Ce cours que vous ferez chaque année vous permettra d'approfondir votre pratique.

Imaginez que vous ayez creusé une petite tranchée. Au cours de l'année, saleté et poussière ne cessent de tomber dedans. À la fin de l'année, elle est pleine ou presque pleine. De la même manière, si vous n'étiez pas nettoyé par votre pratique quotidienne, les sessions de groupe, les cours d'une journée et les cours de trois jours, vous seriez si saturé que vous devriez tout recommencer à zéro. Pour empêcher que cela n'arrive, vous devez continuellement nettoyer ce fossé. Alors, si vous participez à nouveau à un cours, vous serez en mesure de creuser plus profondément cette tranchée. Avec moins de saleté et de poussière à enlever, votre travail au cours d'une retraite de dix jours va progresser beaucoup plus rapidement avec moins de difficultés. Bien sûr, si votre *sīla* (moralité) n'a pas été bonne, cela rendra le travail bien plus difficile. Mais si vous vous efforcez d'avoir une bonne *sīla*, vous serez en mesure de faire des progrès plus rapides et plus profonds pendant votre cours annuel.

Il y a certainement des personnes qui constateront qu'elles ont plus de temps pour pratiquer la méditation que juste deux heures par jour et un cours de dix jours par an. Si tel est votre cas, il n'y a rien de mal à faire plus d'un cours par an. Un certain nombre d'étudiants souhaitent établir de solides fondations et pour cela décident de rester dans un centre afin de s'asseoir et de servir pendant une période de temps. Grâce à cela vous bénéficiez d'un lieu accueillant pour établir votre pratique et l'approfondir. Vous pourrez appliquer ce que vous avez appris tout en résidant dans l'environnement protégé d'un centre du Dhamma. Et lorsque vous retournerez ensuite à votre vie dans le monde extérieur, vous emporterez avec vous la forte et solide habitude de vous asseoir régulièrement et de faire l'expérience d'*anicca*. Ainsi, vous serez en mesure de continuer votre pratique avec une plus grande facilité.

En fait, j'ai remarqué qu'il y avait une corrélation directe entre ceux qui servent le Dhamma et ceux qui ont une pratique forte. La pratique contribue au service et vice-versa.

Le Bouddha a dit qu'il n'y a pas de champ plus fertile qu'une personne qui pratique la méditation, il est donc très bénéfique de servir ces étudiants. Lorsque vous aidez à servir ceux qui ont la capacité de croître fortement dans la méditation, vous les aidez en même temps que vous vous aidez vous-même.

Amis dans le Dhamma

À mon retour d'Inde, je me suis installé dans la région de la baie de San Francisco car je savais qu'il y avait là d'autres méditants que j'avais connus en Inde. La région des Etats-Unis où vivait ma famille était, à mon retour, un désert en termes de méditants, je me rendis donc là où il y avait d'autres méditants. Dès le deuxième jour suivant mon arrivée à Berkeley, j'ai participé à une méditation de groupe et j'y ai rencontré des personnes que je fréquente encore aujourd'hui.

Pendant à peu près les vingts années qui ont suivi, j'ai rarement manqué une méditation de groupe hebdomadaire. Cela m'a aidé énormément. La plupart des personnes que j'ai rencontrées à ces méditations étaient ceux qui ont contribué à établir le Dhamma en Amérique du nord et en Californie en particulier. Cela a été une façon de vivre enrichissante grâce à ces fréquentations et à ces méditations de groupe.

Dans mon cas, emménager dans une ville où je connaissais peu de monde à part des méditants m'a facilité la tâche. Quasiment tous mes amis pratiquaient eux aussi la méditation. Je n'étais pas tiraillé dans toutes les directions par différentes fréquentations. Nous allions au cinéma ensemble, faisions du sport ensemble, allions au restaurant ensemble et ainsi de suite. Cela rendit la progression plus facile. La plupart des personnes qui rencontrent le Dhamma auront une expérience différente. Il sera pour eux bénéfique de se faire quelques amis qui sont des méditants Vipassana et qui pourront être un point de repère dans le Dhamma. Lentement, à mesure que l'une des qualités du Dhamma, *ehi passiko* (venez et voyez par vous-mêmes) se manifeste, il se peut que même des membres de votre famille et d'autres amis rejoignent le Dhamma. Au fil des années, vous vous apercevrez que vos amis méditants deviennent un grand soutien pour votre pratique.

Développer des amitiés dans le Dhamma vous renforcera dans le Dhamma, ce qui signifie que vous aurez une vie plus heureuse. En fait, le Bouddha considérait que c'est l'un des aspects les plus importants sur la voie du Dhamma. C'est ce que le Bouddha dit à Ananda lorsque celui-ci lui l'interrogea sur le sujet.

A une certaine époque, le Bouddha vivait parmi les Sakyans dans une ville du nom de Sakkara. Ce matin-là, en revenant de sa tournée d'aumônes en ville, Ananda s'approcha du Bouddha, le salua et s'assit sur le côté. S'adressant au Bouddha, il lui dit que, pendant sa tournée d'aumônes, il avait réfléchi et avait réalisé l'importance des amis dans la conduite d'une vie sainte. Il dit : « Bhante, la moitié d'une vie sainte consiste à avoir des personnes vertueuses comme amis, compagnons et collègues.»

Le Bouddha répondit, «Ne dis pas cela Ananda. Ne dis pas cela. Avoir des personnes vertueuses comme amis, compagnons et collègues constitue en fait l'intégralité de la vie sainte. Lorsqu'un bhikkhu a des personnes vertueuses comme amis, compagnons et collègues, on peut s'attendre à ce qu'il suive l'Octuple Noble Sentier et à ce qu'il s'y développe.»

J'ai constaté que ce conseil du Bouddha a influencé ma vie. Ces *kalyāna mittā (*amis dans le Dhamma) m'ont aidé sur la voie. Ils m'ont guidé sur la voie. Ils n'ont pas essayé de m'induire en erreur.

Les inconscients ont causé plus de tort à des méditants que toute autre puissance terrestre.

Les mots « Ne t'associe pas avec des inconscients » sont certainement les paroles les plus importantes que le Bouddha ait jamais adressées à un laïc qui fait ses premiers pas sur la voie du Dhamma. Ceci peut également s'appliquer à l'étudiant qui n'est pas novice. Ces paroles sont la toute première ligne du *Maṅgala Sutta,* un *sutta* où l'Eveillé explique les plus grands bienfaits pour un méditant.

Le Bouddha considérait cela si important qu'il commença le *sutta* (discours) par cet avertissement :
> *Asevanā ca bālānaṃ,*
> *paṇḍitānañcasevanā;*

pūjā ca pūjanīyānaṃ,
aṃmaṅgalamuttamaṃ.
Eviter les inconscients,
s'associer avec les sages ;
Honorer ce qui est digne d'honneur,
ceci est le plus grand bonheur.

Faire des choix

Après avoir quitté le centre à la fin d'un cours de méditation, on est face à de nombreux choix. Que vais-je faire ? Où vais-je aller ? L'un des choix qui ne sera probablement pas envisagé consciemment, est : vais-je m'associer avec des inconscients ?

Malheureusement, certaines personnes que nous connaissons agissent de façon irraisonnée ; ce qui peut leur causer du tort et à nous également. Il y a des gens qui ne mènent pas leur vie au travers d'actions appropriées. Qu'est-ce qu'une action appropriée ? Une action appropriée permet de développer ses forces et ses vertus, en menant notre vie en accord avec l'Octuple Noble Sentier de l'enseignement du Bouddha et dans ce cas nous parlons principalement de *sīla* (la moralité).

Bien sûr, nous ne pouvons pas arrêter complètement de fréquenter des personnes qui se comportent de manière inappropriée ou qui n'ont pas un bon comportement moral. Même des méditants menant une vie laïque avec les meilleures intentions n'arrivent pas à maintenir une *sīla* (moralité) parfaite ; mais il y a des degrés et c'est quelque chose que vous pourriez prendre en considération à présent.

Je sais par expérience qu'il y a des personnes qui ont un niveau très faible de moralité. Parfois, on ne peut les éviter. Il vous sera utile d'être pour le moins sur vos gardes et attentif quand vous les côtoyez. Nous ne pouvons les abandonner et nous devons aussi avoir de la *mettā* pour elles.

Vous avez peut-être entendu quelqu'un dire que la morale n'est pas importante. Certaines personnes partageaient ce point de vue à l'époque du Bouddha. Il a clairement expliqué que cette manière de penser était dangereuse et devrait être évitée. Aujourd'hui, on pourrait appeler cela l'école du "si c'est agréable, fais-le". Mais cette école n'est pas correcte, du moins pour quelqu'un qui envisage de cheminer sur une très longue voie de pureté dans l'action. Ceux qui disent que la morale n'est pas importante sont des inconscients. Ils donnent de mauvais conseils. Il semble que ceux qui pensent de cette façon aiment entraîner les autres sur le chemin en pente qu'eux-mêmes suivent, mais la voie du Dhamma diverge radicalement d'un tel chemin.

Quand vous avez commencé le cours, il vous a été demandé de suivre cinq préceptes. Ceci était l'une des formalités de départ. Maintenant que le cours est fini, vous avez été libérés de ces formalités mais la pratique de *sīla,* la moralité, est toujours le

44

fondement de la pratique. Afin de progresser sur cette voie, il vous sera très utile de garder à cœur ces cinq préceptes. Il n'y aura personne pour vous demander de le faire, il n'y aura personne pour vous surveiller afin de s'assurer que vous le faites. Si vous voulez commencer à pratiquer l'art de vivre dans le Dhamma, ceci est votre premier pas. Quand vous partez pour une randonnée, vous devez vous assurer que vous êtes bien préparé. Vous avez besoin de vos chaussures de marche, d'une bouteille d'eau, peut-être de crème solaire et d'une barre énergétique en cas de petite faim. Personne ne vous dit ce dont vous avez besoin, c'est simplement du bon sens. Pour marcher sur cette voie, vous aurez besoin de *sīla, samādhi* et *paññā*. Ce sont les éléments de base pour votre randonnée sur cette nouvelle voie.

Réfléchissez à ceci : quand pensez-vous que vous devriez commencer à vous comporter de manière appropriée, de manière morale ? Y a-t-il un point à partir duquel vous arrêtez d'enfreindre *sīla* et tout à coup commencez à agir de façon appropriée ? La réponse est que cela doit être inculqué dès le début. Si vous ne commencez pas tout de suite, pendant tout ce temps vous accumulerez de plus en plus de *saṅkhāras* (réactions mentales) et de *dukkha* (souffrance). Cela ne vous aide pas à progresser.

Enfreindre *sīla* vous tire vers le bas. Cela vous encombre l'esprit d'inquiétude et d'anxiété. Serai-je découvert ? Qu'arrivera-t-il si d'autres apprennent ce que j'ai fait ? La stabilité de l'esprit requise pour une méditation profonde vous sera moins accessible. Cela fait aussi du tort aux autres. Si vous volez, quelqu'un subira une perte. Vous avez eu un gain, mais à un prix très élevé. Et il en va ainsi des cinq *sīla*. Il n'y aura aucune paix dans votre esprit.

Avoir une *sīla* parfaite n'est possible que pour un *arahant* (une personne complètement libérée), mais pour un étudiant sur la voie, faire de son mieux pour maintenir sa *sīla* est déjà un effort suffisant. Vous devriez essayer de maintenir votre *sīla* et de travailler avec un effort juste pour y arriver. Peut-être déraperez-vous parfois, mais tâchez de comprendre : est-ce que vous avez dérapé parce que vous avez été submergé par l'avidité ou l'aversion et que vous avez réagi aveuglément ?

Ou bien est-ce que vous avez dérapé parce que vous avez décidé de laisser aller pour cette fois ? Il y a une différence. Si vous avez été submergé, vous vous en remettrez, mais si vous avez décidé de vous laisser aller, vous verrez que cela se reproduira une autre fois, puis encore une autre fois... Et vous serez vaincu. Donc faites de votre mieux, ceci est la voie du milieu.

Maintenez simplement la conscience d'Anicca

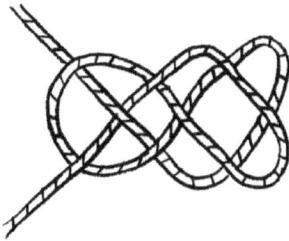

S i l'on devait compter le nombre de fois que Goenkaji mentionne *anicca* (changement, impermanence) pendant un cours, on serait surpris du résultat. Il le répète encore et encore. Il essaie de faire passer un message, mais beaucoup d'étudiants ne s'attardent pas dessus ou passent complètement à côté. Or, il le répète parce que c'est IMPORTANT.

L'une des choses les plus importantes à garder à l'esprit pour un nouvel étudiant comme pour un ancien étudiant qui a suivi des douzaines de cours, c'est *anicca*. Goenkaji ne cesse de dire « maintenez l'équanimité avec la connaissance d'*anicca* » ou « maintenez l'équanimité avec la conscience d'*anicca* ». Il termine les instructions du début de chaque session avec ces mots, après que Vipassana ait été introduit. Qu'est-ce qu'il entend par là ? Pourquoi pensez-vous qu'il le répète encore et encore ?

Maintenir la conscience d'*anicca* signifie être conscient des sensations que vous ressentez et réaliser qu'elles sont changeantes et impermanentes, et continuer à faire cela aussi longtemps que vous le pouvez. Lorsque vous réalisez que vous avez cessé d'observer cela, recommencez.

A chaque instant, lorsque vous passez votre attention à travers le corps, que ce soit partie par partie ou que vous travailliez avec le flux, pour obtenir tout le bénéfice de vos efforts, vous devez être continuellement conscient que ces sensations sont en train de changer. Il n'y pas un seul moment où elles ne sont pas en train de changer. Vous n'en avez probablement jamais été conscient avant de commencer à pratiquer Vipassana, ou peut-être le compreniez-vous vaguement sur le plan intellectuel mais sans en faire l'expérience. Maintenant vous êtes conscient de ces sensations, mais cela n'est pas suffisant, vous devez aussi être conscient et essayer de faire l'expérience d'une oscillation changeante à l'intérieur même de ces sensations. Ceci est *anicca*. Cela n'a aucune importance si la sensation est si subtile que vous pouvez à peine faire l'expérience de l'apparition et de la disparition qui s'y produit. Cela n'a aucune importance s'il s'agit d'une douleur grossière ou d'une zone aveugle. Soyez simplement conscient, dès que votre attention atteint cet endroit, que c'est en train de changer.

L'univers entier est en changement ; vous êtes en changement. Tout est *anicca*. C'est la connaissance que l'on doit avoir, avec celle de *dukkha* (la souffrance) et d'*anattā* (l'insubstantialité) pour atteindre le *nibbāṇa*. Le Bouddha a dit "Si l'on connaît *anicca* alors on connaît *dukkha* et *anattā*". Afin de bien intégrer cela en vous-même, vous aurez besoin d'inculquer cette réalité dans votre esprit.

Dans son livre sur le *Satipaṭṭhāna*, le Vénérable Anālayo dit : "La continuité dans le développement de la conscience de l'impermanence est essentielle si l'on veut vraiment qu'elle influence notre état d'esprit. La contemplation continue de l'impermanence conduit à un renversement dans notre façon habituelle de faire l'expérience de la réalité, qui jusque-là supposait de manière tacite la stabilité temporelle de l'objet perçu comme de celui qui perçoit. Lorsque tous deux sont perçus comme des processus changeants, toute notion d'existence stable et de substantialité s'évanouit, transformant radicalement le paradigme de notre expérience."

Un des problèmes est la difficulté à intégrer la conscience d'*anicca* dans votre pratique. Un autre problème survient lorsque l'on n'entend pas ce que dit Goenkaji ou que l'on n'a pas le sentiment que c'est important. Les étudiants sont absorbés par leurs efforts pour simplement ressentir des sensations. Vous avez perçu des sensations et vous êtes également conscient que le type de sensation n'a aucune importance. N'importe quelle sensation fait l'affaire. Grossière ou subtile, cela n'a aucune importance. Maintenant, rappelez-vous que cette sensation est en train de changer. Elle est *anicca*. C'est tout ce qu'il faut savoir. Ressentir la sensation tout en étant conscient avec équanimité de son apparition et de sa disparition. C'est simple, mais pas facile à faire.

Au début, il se peut que vous oubliez constamment que votre objectif ne consiste pas seulement à être conscient (*sati*) de vos sensations (*vedanā*) mais aussi à faire en sorte qu'une partie de votre esprit soit consciente que ces sensations sont changeantes. Cette conscience s'estompera, mais aussitôt que vous vous en rendez compte, reprenez votre observation d'*anicca*. Bien sûr, cela vous échappera à nouveau. C'est un entraînement, un entraînement de l'esprit. Alors, lorsque vous vous en rendez compte à nouveau, tâchez de reprendre conscience du fait que la sensation que vous ressentez est impermanente.

Rappelez-vous juste ceci : lorsque votre professeur répétait quelque chose encore et encore pendant un cours, n'en avez-vous pas déduit que cela tomberait à l'examen ? Lorsque votre professeur d'université disait : "Vous rencontrerez peut-être cela à nouveau", n'était-ce pas un signal que cela ferait partie du test ? Eh bien, le test que vous passez s'appelle la Vie et la réponse au test Vipassana est "Continuez simplement à être conscient d'*anicca*". Si vous connaissez cette réponse, vous ne pourrez pas échouer à l'examen. Non seulement cela, mais votre vie sera réussie.

A l'intérieur des sensations il y a apparition et disparition. Cela peut se passer lentement. Apparition… disparition. Cela peut également se passer très très vite. Observez seulement cela. Soyez-en conscient. Cela n'a aucune importance si c'est chaud ou froid, irritant ou douloureux, vibrant ou engourdi. Soyez seulement conscient de cette apparition et de cette disparition, *anicca*. Cela doit être votre objectif. C'est tout ce que vous avez à faire ; percevoir la sensation et connaître sa nature impermanente. Observez-la continuellement sans interruption. Si vous avez des questions là-dessus ou sur tout autre aspect de votre pratique, contactez le centre Vipassana où vous avez suivi votre dernier cours et demandez à ce qu'un Assistant Enseignant vous contacte. Vous pouvez trouver les informations de contact des centres Vipassana sur *www.dhamma. org.*

Progressivement tout cela fera partie de votre pratique. Le premier pas est d'essayer. Vous n'avez pas à vous inquiéter car le chant de Goenkaji vous rappellera toujours que :

Aniccā vata saṅkhārā...

Impermanentes, en vérité, sont

les choses composées…

Bingo Bango Bhaṅga

L'un des plus grands pièges dans lequel tombent les étudiants est le désir insatiable de sensations subtiles. L'esprit a naturellement tendance à désirer des sensations plaisantes et à avoir de l'aversion pour les sensations déplaisantes. C'est son conditionnement. C'est la cause de la souffrance. La pratique consiste à s'extraire de la souffrance. Très peu de temps après le début de Vipassana, Goenkaji commence à demander aux étudiants d'observer les choses telles qu'elles sont. Il indique que, quelle que soit la sensation qui se manifeste, vous devez simplement l'observer. Au lieu de cela, beaucoup d'étudiants veulent quelque chose qu'ils n'ont pas et commencent à générer de l'avidité.

Le neuvième jour du cours de dix jours, il parle de *bhaṅga* pour la première fois. *Bhaṅga* survient lorsque le corps s'ouvre complètement et qu'il est totalement rempli de sensations très subtiles. Vous n'avez rien à faire pour que cela se produise, cela arrive naturellement, c'est tout. Le terme sonne de façon si singulière que parfois cela crée de la confusion dans l'esprit des étudiants. Cela résonne comme quelque chose de très spécial. On se dit, "Oh, ce doit être important, il faut que je l'obtienne. C'est ce que je veux."

Ah, c'est donc cela que vous *voulez*. Ce n'est pas ce qui *est*, mais c'est ce que vous *voulez*. Cela devient problématique pour vous car, comme vous le savez, dès l'instant où vous générez de l'avidité, vous courez dans la direction opposée au Dhamma.

Il est préférable de comprendre ce qu'est *bhaṅga*. C'est un phénomène naturel qui peut survenir pendant la méditation. Presque toutes les sensations qui se manifestent sur votre corps lorsque vous méditez, ne sont que l'expression des conditionnements passés de votre esprit sur votre corps. D'autres causes peuvent être la nourriture que vous mangez, l'atmosphère qui vous entoure ou vos pensées présentes. Vous n'avez pas la maîtrise de ces sensations car vous ne pouvez pas les fabriquer. Vous les avez en effet créées dans le passé et à présent, parce que votre esprit est calme et ne réagit pas, elles apparaissent à la surface de votre corps et parfois dedans. C'est la nature qui se manifeste.

Lorsque l'on commence la pratique de Vipassana, souvent l'on ressent des sensations grossières, solides. À mesure que les heures et les jours passent, que l'on parvient à une attention plus profonde, on constate l'apparition de sensations plus subtiles dans différentes zones du corps. Il se peut que des sensations subtiles soient présentes partout à la surface du corps. Lorsque cela se produit, on parle de flux libre et on peut facilement déplacer son attention à la surface du corps avec un mouvement de balayage. Lorsque ces sensations traversent le corps intégralement, à l'intérieur et à l'extérieur, et qu'il n'y a plus de blocages, c'est l'état de *bhaṅga*. Les blocages sont des zones aveugles, insensibles, brumeuses, nuageuses ou denses.

Les sensations associées à *bhaṅga* sont très agréables. À cause de cela, de nombreux étudiants s'imaginent que c'est le but de la méditation. Toutefois, ce n'est pas le cas. Les sensations changent constamment. A un moment il peut y avoir de la douleur, ensuite de la chaleur ou du froid, etc., puis ensuite une sensation agréable. Les difficultés apparaissent lorsque un étudiant se met à apprécier cette sensation agréable, mais tout comme les sensations précédentes, elles aussi changent, *anicca*, *anicca*. Pourtant, vous *désirez* cette sensation. Alors commence le jeu des sensations. C'est un jeu auquel on ne peut pas gagner.

Parfois les années passent et les étudiants continuent le jeu des sensations. Ils se leurrent eux-mêmes et leurrent l'enseignant. Ils pensent progresser sur le chemin mais en fait ils sont coincés. Peut-être ne croient-ils pas ce que dit l'enseignant ou pensent-ils que tout le monde a des sensations subtiles sauf eux. Ou encore, ils s'obstinent à penser que c'est le but qu'ils recherchent. Cours après cours, ils cherchent les sensations subtiles. Vous devez garder à l'esprit que ce n'est pas l'objectif pour lequel vous travaillez.

Lorsque vous arriverez au but, il n'y aura plus de sensations.

Imaginez que vous voyagez à bord d'un train et vous apercevez un beau paysage par la fenêtre. Alors que le train continue sa course, vous pensez devoir garder ce paysage en vue et vous vous mettez à courir dans le train. Après avoir percuté femmes et enfants et trébuché sur des bagages, des contrôleurs et toutes sortes de choses, vous arriverez à l'arrière du train et malgré tout, cette vue aura disparu. Si vous voyez une personne faire cela, vous allez penser qu'elle est folle. Pourtant, beaucoup de gens font exactement ceci en essayant de retenir une certaine sensation.

Vous n'avez pas la maîtrise de l'apparition ou de la disparition de *bhaṅga*. C'est la même chose avec toutes les sensations. Vous n'avez aucun contrôle sur elles. Elles apparaissent à cause des types de *saṅkhāras* qui se manifestent sur le corps ou à cause des pensées présentes ou à cause de l'atmosphère ou de la nourriture que l'on a consommée. En tant que méditant, vous n'avez qu'une seule tâche, c'est celle qui consiste à observer les sensations dès qu'elles apparaissent en gardant la conscience d'*anicca*. Pour revenir à l'exemple du train, c'est comme si vous regardiez défiler le paysage par la fenêtre. Vous ne le trouvez ni plaisant ni déplaisant, vous ne faites que l'observer. Lorsque vous faites cela, tous les bienfaits qui résultent de cette méditation viendront à vous. Si vous vous obstinez dans la direction opposée, vous ne faites que perdre votre temps et créer plus de souffrances pour vous-même.

Puisque vous ne pouvez pas changer les sensations, plus tôt vous déciderez de les accepter, plus tôt vous commencerez à faire des progrès sur la voie. En décidant autrement, vous choisissez automatiquement *Dukkha* (la souffrance).

Le paradoxe des Pāramī

Une situation inhabituelle doit être surmontée afin de progresser sur la voie du Dhamma. En vue d'atteindre l'Eveil, il y a dix qualités mentales qui doivent être développées. Elles sont connues sous le nom de *pāramītas* ou *pāramīs*, ce qui signifie perfections qui doivent être accomplies.

Ces *pāramīs,* lorsqu'elles sont développées, nous donnent la force de progresser sur la voie de la sagesse. Quand les *pāramīs* sont faibles, la pratique est également faible. Avoir une pratique solide facilite le développement de ces *pāramīs* mais si vous ne les avez pas, vous aurez du mal à progresser sur la voie. Alors, comment allez-vous obtenir des *pāramīs* solides ? Tel est le paradoxe.

Ces dix *pāramīs sont* :

La générosité (*Dāna*)

La moralité (*Sīla*)

Le renoncement (*Nekkhamma*)

La sagesse (*Paññā*)

L'effort (*Viriya*)

La tolérance (*Khanti*)

La vérité (*Sacca*)
La ferme détermination (*Adhiṭṭhāna*)
L'amour désintéressé (*Mettā*)
L'équanimité (*Upekkhā*)

Si vous examinez cette liste, vous verrez qu'un individu avec ces qualités est doté d'une bonne moralité, d'un esprit équilibré et de la capacité de travailler malgré les difficultés qui doivent être surmontées lorsque l'on médite dans la vie quotidienne. Ce sont les perfections qu'un être totalement libéré (*arahant*) réalise afin d'atteindre le but final. Vous aussi, vous devrez être en possession de toutes ces *pāramīs*, et en quantités suffisantes également, avant de pouvoir être totalement libéré. En fait, vous possédez déjà d'abondantes *pāramīs*. Si ce n'était pas le cas, vous n'auriez pas eu la curiosité de faire le moindre pas sur la voie. En entendant les mots « Vipassana », « Goenka », « vision intérieure », vous n'auriez pas éprouvé le moindre intérêt ni la moindre envie de poursuivre. Vous n'auriez pas voulu en savoir davantage. Réfléchissez soigneusement sur les *pāramīs* et vous verrez la direction qu'il vous faut prendre.

Vous devez être conscient du paradoxe des *pāramīs* de sorte que lorsque l'occasion se présentera de développer l'une des *pāramīs,* vous ne manquerez pas de la saisir. Cela doit se faire à la fois dans la vie quotidienne et lors des cours. En étant vigilant, vous renforcerez votre pratique et vous deviendrez une personne plus heureuse et un meilleur méditant.

Récemment, j'ai entendu l'histoire d'un étudiant qui, après avoir terminé son premier cours, a commencé à venir entre les cours pour aider à nettoyer le centre à la fin d'un cours puis à le préparer pour le cours suivant. Il venait entre chaque cours. Il travaillait de bonne heure le matin jusqu'à tard dans la nuit. Il avait la soixantaine et avait récemment pris sa retraite d'un poste en entreprise. Certaines personnes commencèrent à craindre qu'il ne s'épuise à travailler si dur. Quand un assistant enseignant parla avec lui pour voir comment il allait, il dit, « Vous autres avez tous commencé quand vous étiez jeunes et vous avez eu de nombreuses années pour développer vos *pāramīs*. Je viens juste de commencer et j'ai beaucoup à rattraper, voilà pourquoi j'essaie de servir autant que possible. » Voilà une personne qui a une très bonne compréhension du paradoxe des *pāramīs* et qui ne laissera rien entraver son chemin vers le but final.

Une opportunité de développer la perfection du *dāna* (la générosité) se présente le dixième jour d'un cours. Lorsque la feuille d'inscription aux tâches nécessaires pour le nettoyage du centre circule, c'est une occasion pour vous d'aider les autres.

Plusieurs fois par an, une annonce est envoyée à propos d'un week-end ou d'une période de travaux ou peut-être à propos d'un manque de servants pour un cours imminent. Désormais, avec cette compréhension du paradoxe des *pāramīs*, il serait utile de penser: « Ah, voici une opportunité pour moi de renforcer ma *pāramī* du *dāna*. »

Il se peut que vous ayez un travail très prenant ou beaucoup d'engagements familiaux qui vous empêchent de servir. À de tels moments dans la vie, il peut être plus facile pour vous de donner de l'argent plutôt que du service. Cela permet de dissoudre votre ego. De cette façon, vous partagez les bénéfices que vous avez reçus afin d'aider les autres. De nombreuses personnes ont donné tout ce que vous voyez dans un centre. Depuis le terrain jusqu'aux ampoules électriques, un étudiant a fait un don pour cela. Compte-tenu du principe des centres dans cette tradition de n'accepter que les dons libres, de la part de ceux qui ont déjà suivi un cours de dix jours, le développement d'un centre est un processus lent.

Un bon exemple est le centre du Massachusetts, le premier centre érigé en Amérique du Nord. Une maison avec quelques hectares a été achetée par une poignée d'étudiants en 1982. Dans un premier temps, tout le monde était entassé dans la maison pour les cours et le Dhamma hall était si petit que les gens étaient assis genou contre genou, mais néanmoins heureux d'avoir une place. Chaque coin et recoin était utilisé pour quelque chose, même le sous-sol, transformé en salle à manger de fortune. Pendant l'été, des tentes permettaient à des étudiants supplémentaires de suivre les cours et au début, une grande tente était utilisée comme grand Dhamma hall. Et à présent, en 2015, le centre est un grand ensemble de bâtiments qui accueillent de nombreux étudiants chaque année. La plupart des chambres ont une salle-de-bain particulière et il y a une pagode avec des cellules individuelles pour la méditation. C'est de cette manière que, lentement, tous les centres se sont érigés. Ils ont été construits étape par étape, de façon pragmatique et financièrement prudente. Actuellement, il y a quinze centres en Amérique du Nord (qui comprend le Mexique, les États-Unis et le Canada) et deux autres pour lesquels le terrain a été acheté, mais où les bâtiments restent à construire.

Pensez à tous les autres bienfaits qui se présenteront si vous vous rendez au centre pour un week-end de service du Dhamma. Vous serez assis trois fois par jour. Vous ferez du centre un lieu plus solide et meilleur pour ceux qui y viendront. C'est l'occasion de renforcer votre pratique. Et c'est une excellente opportunité si vous voulez surmonter ce paradoxe des *pāramīs*. Vous le surmonterez uniquement par votre propre effort (*viriya*), qui est lui-même une autre *pāramī*.

Si vous décidez de vous joindre à un week-end de travaux, vous aurez l'occasion de pratiquer la *pāramī* de *nekkhama*. Vous renoncerez également au monde (*nekkhamma*) pendant deux jours comme vous le faites quand vous participez à un cours. Vous vivrez grâce aux dons d'autrui. Vous pratiquerez la voie du milieu sans extrême, en respectant un mode de vie très sain. Depuis 2500 ans, dans les pays bouddhistes traditionnels, les laïcs se réservent certains jours chaque mois, appelés les jours d'*uposatha,* au cours desquels ils pratiquent les *pāramīs* avec un effort plus intense. Ils prennent huit ou même dix préceptes pendant ces jours-là. Certains d'entre eux pratiquent également la méditation.

La tolérance (*khanti*) est une qualité qui, lorsqu'on la trouve chez autrui, est très appréciée. Ce sont des gens qui ne critiquent pas, ne condamnent pas ou ne se plaignent pas. Les gens faisant preuve de tolérance sont généralement appréciés des autres et il est facile de vivre avec eux.

Un cours de méditation offre de nombreuses opportunités pour pratiquer la tolérance. Est-ce que votre voisin méditant est calme ou bruyant ? Est-ce qu'il bouge beaucoup ? Peut-être respire-t-il fortement. Peut-être qu'il manquait un ingrédient dans la nourriture ou que celle-ci a, par erreur, été brûlée ce matin-là par l'équipe de bénévoles. Si votre réaction à ces situations est d'accepter sans jugement, vous augmenterez votre *pāramī* de tolérance.

Chaque jour, nous sommes confrontés à des opportunités de renforcer cette qualité en nous-mêmes, au cours de notre existence. En particulier dans le monde d'aujourd'hui, où les gens sont encouragés à s'affirmer, on peut facilement confondre l'affirmation de soi et l'intolérance. Si vous devez patienter dans une file d'attente, passez le temps en ressentant la nature changeante des sensations en vous-même au lieu de vous impatienter et de vous agiter. Les embouteillages sont une excellente opportunité pour pratiquer la conscience du changement et être tolérant. L'intolérance apparaît surtout quand nous avons l'impression que quelqu'un nous affronte personnellement. Il est fort probable que la personne n'est pas consciente de cette offense. La colère et la haine en résultent généralement, lesquelles vont à l'encontre de nos efforts pour marcher sur la voie et voilà que nous accumulons simplement de plus en plus de *saṅkhāras* (réactions mentales).

La ferme détermination (*adiṭṭhāna*). Pendant un cours, prenez-vous cela au sérieux ? C'est important parce qu'au fur et à mesure que votre pratique progresse, il y aura des défis qui nécessiteront que cette *pāramī* soit développée à un degré élevé, sinon vous serez facilement vaincu. Vous devez être en mesure de mener à bien chaque intention que vous avez. Lors d'un cours, on vous dit d'observer et de ne pas réagir. Pendant une heure, ceci est votre objectif. La raison à cela c'est que nous réagissons sans cesse dans la vie à toutes les situations. Si vous pouvez changer cette habitude mentale, vous verrez que vous arrêterez rapidement de réagir aveuglément au cours de votre vie quotidienne. Pendant un cours, lors de l'heure de ferme détermination (*adiṭṭhāna*), nous avons l'opportunité de pratiquer cela trois fois par jour. La voie du Dhamma est une voie qui demande de la détermination. Si vous la consolidez à chaque étape de la voie, elle sera là quand vous en aurez besoin.

Finissez-vous toutes les tâches que vous commencez ou commencez-vous des choses sans jamais les terminer ? En dehors d'un cours, vous pouvez également développer cette *pāramī* en terminant les choses que vous commencez. Cela renforcera votre *pāramī* d'*adiṭṭhāna*.

L'équanimité (*upekkhā*). Certaines personnes ont du mal à comprendre ce mot. «Équanimité» ou «équanime» signifie être équilibré et ne pas réagir. Nous avons besoin d'un esprit équilibré pour progresser sur la voie. Si nous sommes ébranlés par le moindre obstacle ou facilement agités, nous devons trouver un moyen de ramener notre esprit au point où nous pouvons observer avec équanimité. Certains étudiants réalisent que leur problème est qu'ils font fausse route en voulant trop forcé. Ils serrent les dents, en se disant « je dois réussir » et pensent qu'en forçant davantage, cela les aidera. Ce n'est pas le cas. Il faut de l'équilibre, pas de la force. Pour beaucoup d'étudiants, il a été fort bénéfique pendant le cours de faire une promenade de cinq minutes plutôt que d'essayer de persévérer dans la douleur ou l'agitation. Dans les histoires de moines qui se brisent les genoux et ne bougent pas jusqu'à ce qu'ils soient entièrement libérés, il s'agit de personnes dont les *pāramīs* sont pleinement accomplies et non de personnes qui commencent tout juste sur la voie.

En Birmanie, à Kyaiktiyo, le Rocher d'Or, il y a un énorme rocher qui tient en équilibre juste sur un très petit endroit. Tout le poids de ce rocher et de la pagode qui a été construite sur son sommet est en équilibre sur une très petite zone. Le rocher est inébranlable. Si votre équanimité était centrée comme le poids de ce rocher, vous seriez également inébranlable.

La moralité (*sīla*). Il y a moins d'occasions pour vous de rompre votre *sīla* lorsque vous êtes au centre. Bien sûr, *sīla* est une chose sur laquelle vous pouvez travailler que vous soyez au centre ou non. Rappelez-vous ces cinq *sīla*s et mettez-les toujours en pratique. Les actions vraiment grossières, comme tuer et voler, nécessitent une bonne quantité d'effort pour être accomplies. Pour quelqu'un qui s'est assis à un ou plusieurs cours, il ne devrait plus y avoir trop de difficultés avec celles-ci. On peut supposer que vous avez utilisé votre conscience accrue et votre compréhension des enseignements du Bouddha pour les dépasser. Mais il y en a une à laquelle vous devez vraiment faire attention et c'est celle de la parole juste. Oh, dans quel piège nous pouvons tomber. C'est si facile, si rapide : notre bouche s'ouvre et nous avons brisé cette *sīla*. Cela arrive tous les jours et si vite. Les mots sont sortis et nous l'avons fait de nouveau. Le Bouddha considérait le mensonge comme particulièrement méprisable. Voici ce qu'il avait à en dire.

Les conséquences de la parole impropre

Ceci a été dit par le Bhagavā [le Bouddha], ceci a été dit par l'Arahat et entendu par moi.

« Ô Bhikkhus, je vous affirme que pour la personne qui transgresse cette chose-là, il n'y a alors aucune mauvaise action, quelle qu'elle soit, que cette personne ne pourrait accomplir. Quelle est cette chose-là ?

C'est, Ô bhikkhus, le fait de mentir consciemment. »
—*Musāvādasuttaṃ du Saṃyutta Nikaya, Mahāvag-
ga, Traduit par Klaus Nothnagel*

Ne vous laissez pas prendre par ce piège ni par
aucune des autres formes de parole impropre, telle
que la calomnie, la médisance, les commérages, les
mots durs ou par le fait de monter les gens les uns
contre les autres.

L'effort (*viriya*) doit être exercé afin de conserver les
bonnes qualités que vous possédez déjà et d'essayer
de les renforcer. Essayez d'éliminer les mauvaises
qualités que vous avez et assurez-vous de ne pas en
ajouter d'autres. Telle est l'essence de *viriya*.

De plus, un certain niveau d'assiduité est nécessaire
afin d'atteindre le but final de ce long périple. Il y a
l'effort de se mettre en marche, l'effort de poursuivre,
l'effort à déployer d'instant en instant sans régresser.
Dès l'instant où l'effort est abandonné, l'esprit
commence à errer ou vous sombrez dans le sommeil.
Trop d'effort, en revanche est un autre problème,
parce que vous ferez alors l'expérience de tensions.
L'effort est un exercice d'équilibriste. Imaginez que
vous ayez attrapé un papillon. Si vous maintenez le
papillon trop fermement vous l'écraserez, si vous ne
le maintenez pas avec assez de force, il s'envolera.
Au milieu se trouve l'équilibre.

Sayagyi U Ba Khin est cité pour avoir dit que vous
devez être doux comme une fleur et dur comme une
pierre. L'effort (*viriya*) est une *pāramī* très importante.

Vous êtes engagé dans une discipline. Vous vous entraînez pour être une meilleure personne et, au bout du compte un *arahant*. C'est un entraînement long, très long, mais vous avez déjà commencé donc tout ce qu'il vous reste à faire c'est de travailler pour vous améliorer dans la tâche à accomplir.

La Mettā et Vous

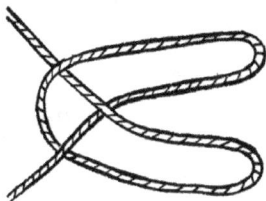

C omment quelque chose que vous ne pouvez voir mais seulement ressentir peut-il vous aider et être profitable pour tous les êtres ? Le pouvoir de la *mettā* ne se révèlera à vous que lorsque vous l'utiliserez et en ferez l'expérience. Chaque jour, à la fin de vos sessions de méditation, il est sage de pratiquer *mettā* pendant quelques minutes. Cela signifie remplir les sensations corporelles que vous ressentez avec des pensées d'amour bienveillant envers tous les êtres, ainsi qu'envers ceux qui vous sont proches et que vous aimez. Il peut s'agir de votre conjoint, vos enfants, vos amis ou d'autres membres de votre famille. C'est bien de commencer par eux car vous ressentez déjà des sentiments positifs à leur égard. Parfois, dans l'agitation de la journée, notre attention baisse et on peut en arriver à dire ou faire quelque chose susceptible de blesser notre entourage. Il se peut que cette situation se soit produite dans un passé lointain ou simplement aujourd'hui, mais pratiquer *mettā* en ayant ces personnes à l'esprit peut donner des résultats prodigieux.

J'ai constaté cela au cours de ma propre vie et celles de mes amis. J'ai vu comment des relations perturbées entre maris et femmes se sont apaisées ou comment des relations avec d'autres membres de la famille qui étaient distantes ou inexistantes ont été rétablies. Il ne faut pas sous-estimer ce pouvoir de la *mettā*.

De plus son usage n'est pas limité à votre propre famille, mais également avec vos collègues de travail et d'autres personnes extérieures. Mme Jocelyn King, l'une des étudiantes de Sayagyi U Ba Khin, raconte une anecdote à propos de ce dernier : «Il avait été demandé à Sayagyi d'être membre d'un certain comité gouvernemental. Les autres membres lui furent d'abord très hostiles lorsqu'il rejoignit le groupe. Avec le temps, il retourna complètement la situation.» Lorsque Mme King lui demanda comment il avait fait, il répondit : «avec *mettā*».

Dans ce monde plein de forces négatives, quelqu'un qui a en lui de la *mettā* devient une force positive et ceux qui l'entourent le ressentiront. Goenkaji n'aurait jamais pu mener à bien la tâche extraordinaire de diffuser le Dhamma dans le monde entier en aussi peu de temps s'il n'y avait eu ces fortes vibrations de *mettā* qui l'entouraient tout le temps. Où il y a de la lumière, l'obscurité ne peut pénétrer.

Un jour, à San Francisco, nous avions une réunion avec l'Association Vipassana de Californie du Nord et Goenkaji. La réunion devait avoir lieu dans une chambre d'hôtel qui avait été précédemment occupée par l'équipage d'une compagnie aérienne en escale.

L'atmosphère paraissait rude et non-dhammique. La chambre de Goenkaji dans le même hôtel paraissait au contraire, merveilleuse. Nous avons suggéré que, peut-être, la réunion devrait plutôt se tenir là. La secrétaire de Goenkaji, Yadav, nous répondit «Ne vous inquiétez pas, tout se passera bien.» Lorsque nous avons pris l'ascenseur vers l'étage où la réunion devait avoir lieu, tout l'ascenseur résonnait des vibrations de *mettā*. Lorsque nous sommes entrés dans la pièce, elle résonnait toute entière des vibrations de *mettā*. *Mettā* avait fait tout cela.

S'il vous plaît, ne vous contentez pas de partager la *mettā* avec ceux que vous connaissez. Il y a tant d'êtres partout qui sont en train de souffrir. C'est inhérent au fait d'être né. Lorsque vous pratiquez *mettā,* faites-en sorte de la partager avec tous les êtres, que vous les voyiez ou non, que vous les connaissiez ou non. Les forces positives dans le monde ne peuvent croître que si toujours plus de gens pratiquent *mettā*.

Les chants de Goenkaji tous les matins, remplissent le centre de vibrations de *mettā*. Avec les années, cela se renforce et prend de l'ampleur. Quand les gens rentrent dans un centre, ils disent que c'est si paisible ici. Oui, c'est vrai, c'est paisible. C'est la *mettā* qu'ils ressentent.

Vous avez peut-être remarqué la présence d'animaux sauvages au centre où vous avez suivi votre cours. Dans le centre du Massachusetts, il y a beaucoup de lapins. Il existe peu d'animaux aussi craintifs qu'un lapin. Pourtant ces lapins vivent dans l'atmosphère du Dhamma et de la *mettā*. Si vous êtes sur le sentier de promenade et passez près d'eux, ils restent assis là à manger leur herbe comme si vous n'existiez pas. En Australie c'est la même chose avec les kangourous, généralement très sauvages et craintifs. Même les bébés kangourous vous remarquent à peine quand vous passez près d'eux. Cela montre le résultat obtenu lorsque les personnes pratiquent *mettā* et ne font aucun mal à d'autres êtres.

En pratiquant régulièrement la méditation chez vous, la pièce que vous utilisez pour vous asseoir deviendra également un endroit où les gens diront «Oh, c'est tellement paisible, ici.» Ils s'y sentiront bien et ne sauront même pas pourquoi.

Ce qu'on peut apprendre
dans les livres

Beaucoup de livres intéressants ont été écrits sur les enseignements du Bouddha. Il y en a énormément. Comme pour la plupart des choses, on y trouve du bon et du mauvais. Pariyatti (www.pariyatti.org) a été fondé par un méditant et dispose d'un large répertoire d'ouvrages se référant à cette tradition. Il y a aussi les distributeurs nord-américains de la Buddhist Publication Society (BPS) du Sri Lanka, de la Pali Text Society (PTS) d'Angleterre, et qui proposent de nombreux ouvrages du Vipassana Research Institute (VRI) d'Inde.

Les livres sur le Dhamma m'ont procuré beaucoup de plaisir et m'ont aidé à comprendre certains des concepts abordés dans les discours. Pendant un bon nombre d'années, je lisais chaque soir avant d'aller me coucher. Consacrer ainsi un temps régulier fut très utile pour développer un programme de lecture dans une vie bien occupée. J'ai inclus une bibliographie en Annexe 2.

Pariyatti (l'étude du Dhamma à partir de livres) peut être une grande source d'inspiration pour les méditants. Les paroles du Dhamma sont douces et peuvent nous inspirer grandement pour pratiquer plus en profondeur. Lire sur l'époque du Bouddha et sur ses enseignements peut nous donner une impulsion dans la bonne direction, mais choisissez pour ce faire un moment qui n'est pas dédié à votre pratique de la méditation. Les *suttas* (discours) sont merveilleux, le Pāli a une belle sonorité et est utilisé dans beaucoup de discours de Goenkaji, il est donc important de connaître au moins les termes de base que vous entendrez encore et encore. Mais quand vous rencontrez une difficulté dans votre pratique, n'essayez pas de substituer celle-ci par de la lecture et de l'étude. Une de ces difficultés est par exemple de ne pas parvenir à vous asseoir pendant une heure parce que vous trouvez cela trop difficile ou qu'il y a toujours quelque chose de plus important à faire. Peut-être commencez-vous à trouver des excuses pour ne pas vous asseoir. C'est une pente glissante lorsque vous arrêtez de pratiquer et commencez à étudier à la place. Vous finirez par ne plus faire la chose la plus importante que vous ayez jamais apprise.

Gardez ces deux activités séparées. L'une est *sutta-mayā pañña* (quelque chose que vous avez entendu) et l'autre est *bhāvanā-mayā paññā* (ce dont vous avez fait l'expérience). Ceci est la voie de l'expérience. On pourrait lire et étudier pendant des siècles sans avancer d'un iota sur le chemin du Dhamma. Webu Sayadaw, qui a donné à Sayagyi U Ba Khin et à tous ceux qui l'ont rencontré une inspiration prodigieuse, était considéré par beaucoup comme étant un arahant. Il réalisa très tôt dans sa vie de moine que pour atteindre le but final, il devait quitter le monastère où il étudiait, où était uniquement enseigné l'apprentissage des *suttas,* et se rendre dans la jungle pour y pratiquer Vipassana. Il réalisa qu'étudier les textes ne l'aiderait pas à atteindre la libération totale. Son objectif était la libération totale, pas la compréhension intellectuelle. Sa décision s'est avérée juste pour lui et elle le sera pour vous. Webu Sayadaw réalisa que se contenter d'apprendre dans les livres était une impasse pour quelqu'un qui a les *pāramīs* pour être un méditant, et il doit en être de même pour vous.

En résumé

Tel un chef scout qui guide ses éclaireurs vers le succès en utilisant les techniques du Manuel du Scout, j'espère que certains des éléments exposés précédemment vous aideront à dénouer plus facilement les nœuds de la haine, de l'avidité et de l'illusion qui font tellement partie de notre être. C'est par une pratique régulière et correcte que ce succès sera atteint. Cela ne peut pas être obtenu en étant à proximité d'une personne qui a atteint des niveaux plus élevés de développement. Cela ne peut pas être atteint en lisant des livres, en écoutant des discours ou des chants. Cela ne peut pas être transmis de parent à enfant. Le succès ne peut venir que de la pratique. Le résultat sera proportionnel à la quantité d'effort équilibré fournie.

Le Manuel du Scout aide réellement les jeunes scouts à passer de très bons moments quand ils sont à l'extérieur. Ils apprennent comment faire les choses correctement et facilement de sorte qu'ils ne se fassent pas mal ni ne se blessent. Espérons que ce manuel rendra votre vie paisible et pleine de joie. Dès que vous commencerez à voir les choses telles qu'elles sont réellement, vous ne serez pas affectés par les négativités, et vous deviendrez plus lumineux et plus léger. C'est de ça dont il s'agit, n'est-ce pas ? Lorsque l'obscurité s'en va, seule la lumière demeure.

Si vous ne gardez pas votre objectif à l'esprit, vous pouvez gaspiller votre vie entière. Si vous vous en éloignez ne serait-ce qu'un peu, vous manquerez constamment votre objectif. Il se peut que vous travailliez très dur, mais cela ne vous apportera aucun bienfait si vous continuez à manquer la cible.

Le but de *sīla* (moralité), *samādhi* (concentration) et *paññā* (sagesse) est la libération. S'ils ne se soutiennent pas l'un l'autre, vous ne pourrez pas travailler de la manière dont le Bouddha nous a appris à travailler. Chacun d'eux soutient l'autre. Tous sont liés d'une manière parfaite qui aide les autres. Vous travaillerez de façon appropriée pour une vie plus heureuse lorsque vous viserez le bon objectif.

Passons en revue quelques-unes des choses qui ont été mentionnées afin que vous restiez concentré sur le but. Les assises quotidiennes et les actions morales doivent être les fondations de votre effort. Sans elles, vous arrêterez très rapidement de faire des efforts parce que vous ne verrez pas les bénéfices s'accumuler dans votre vie.

Demeurez solide et suivez ces deux éléments les plus fondamentaux de la voie.

Rappelez-vous d'éviter les gens qui peuvent vous tirer vers le bas. Ils ne sont pas amusants. Au lieu de cela, essayez d'avoir des amis qui sont méditants et des personnes qui respectent leurs prochains et vivent une vie saine. Comme l'a dit le Bouddha, les amis sont toute la voie. Ils vous aideront à vous élever et vous ferez de même pour eux.

Un moteur à combustion interne doit avoir du carburant, de l'air, de la compression et une étincelle afin de déclencher la combustion qui fait tourner le moteur et produit de l'énergie. Ils doivent tous être présents dans des proportions correctes et réunis au bon moment. Lorsque vous pratiquez correctement, tous les éléments seront réunis dans les bonnes proportions et vous produirez de l'énergie et irez de l'avant sur la voie. Vos journées et votre vie seront remplies de joie.

Lorsque je suis allé en Birmanie et que j'ai rencontré quelques-uns des étudiants de Sayagyi U Ba Khin, j'ai réalisé une chose : ces gens étaient normaux. Ils étaient normaux dans le bon sens, d'une manière saine et harmonieuse. Ils n'avaient pas d'abords rugueux, l'humour et les sourires faisaient partie de leur vie à tous. Je ne connais personne avec un meilleur sens de l'humour que Goenkaji. Il était tellement rapide avec ses traits d'esprit. Beaucoup de mes amis dans le Dhamma sont de même.

La chose merveilleuse au sujet de cette technique est que ses bienfaits se manifestent ici et maintenant. Il n'y a pas besoin d'attendre une vie future pour obtenir les résultats de vos efforts. Chaque pas sur la voie vous rapproche du but et vous pouvez le ressentir car cela se manifeste dans votre vie.

Vous avez accompli la partie la plus difficile qui est de trouver la voie et de faire le premier pas. Maintenant, vous avez juste besoin de vous appliquer. Il y a tellement de soutiens à votre disposition. Puissiez-vous progresser dans le Dhamma, puissiez-vous rayonner dans le Dhamma et puissiez-vous être véritablement heureux.

Annexe I

Mettre en place un espace de méditation chez soi

Pour obtenir tous les bienfaits de vos pratiques quotidiennes, le mieux est d'avoir un espace pour méditer qui ne soit pas utilisé pour quoi que ce soit d'autre. Il doit être situé de manière à ce que vous ne le traversiez pas continuellement ou ne le dérangiez pas fréquemment. J'aimerais vous donner quelques exemples de ce que certaines personnes ont mis en place chez elles afin d'aménager un espace de méditation séparé.

L'une des choses les plus simples est d'acheter un paravent repliable, comme ceux vendus aux Etats-Unis dans les magasins World Market/Cost Plus et Pier 1. Placez-le dans un coin ou à l'extrémité d'une pièce. Cela vous offre alors un espace particulier que vous utiliserez uniquement pour la méditation.

Un ami à Seattle avait un très grand salon et y avait construit un paravent léger en papier (paravent Shoji) qui occupait une extrémité de la pièce. Il y avait même une porte. Cela faisait très Japonais et quatre à cinq personnes pouvaient s'y asseoir confortablement.

Je connais un couple vivant à San Diego qui avait des bureaux adjacents dans deux pièces séparées de leur maison. Ils ont fait construire une porte entre les deux pièces qu'ils laissaient ouverte et on s'asseyait de chaque côté de leur petite salle de méditation instantanée.

Un ami en Angleterre installa son espace de méditation dans son grenier inachevé. Il n'y avait pas d'escaliers pour y accéder et il devait donc sauter sur le poteau de l'escalier puis se hisser dans le grenier par une trappe. Une fois là-haut, il enjambait prudemment les poutres jusqu'au coin de la pièce qu'il avait aménagé pour lui-même. Il avait déposé quelques planches de contreplaqué avec un tapis par-dessus et c'était un espace agréable où quatre personnes pouvaient s'asseoir. Recommandé uniquement aux personnes athlétiques et agiles.

Un autre ami a installé un escalier dépliant menant à un petit coin de grenier non utilisé. Il a aménagé l'espace avec des plaques de plâtre et de la moquette. Lui et sa femme n'avaient plus qu'à déplier l'escalier et y monter lorsqu'ils souhaitaient s'asseoir. J'ai même vu cela plusieurs fois.

J'avais une véranda à l'arrière de la maison que l'on utilisait comme pièce de méditation. Au début, elle était juste délimitée par un rideau. Après plusieurs années, je l'ai totalement transformée avec des cloisons de plâtre, une nouvelle moquette, une fenêtre teintée et une porte ancienne. C'est maintenant un espace très confortable.

Ma voisine a utilisé une petite partie de son garage pour y aménager une pièce. Celle-ci occupe environ le quart de l'espace du garage. Désormais elle n'a de place que pour une seule voiture, mais l'autre moitié accueille un charmant espace de méditation.

De nombreuses personnes ont construit des salles de méditations extérieures. Un ami qui vit à proximité d'un aéroport a construit des murs à double-épaisseur et installé d'épais volets sur les fenêtres. Un avion à réaction pourrait décoller de l'autre côté de la route et vous ne l'entendriez pas dans cette pièce. Habituellement, ce type de salle se situe à proximité de la maison afin d'éviter les longues marches lorsqu'il pleut ou qu'il fait froid. C'est l'aménagement le plus onéreux, mais au final vous avez ce que vous désirez.

Les abris de jardin, granges ou dépendances peuvent aussi être convertis en salles de méditation. J'ai vu de très beaux espaces ainsi réaménagés. Habituellement, ceci est plus courant à la campagne là où il y a beaucoup de remises.

Lorsque vous construisez une nouvelle maison, c'est souvent le meilleur moment pour y aménager une jolie pièce de méditation à l'intérieur même de la maison. Des espaces dans les greniers ou les endroits difficilement aménageables en pièces de taille normale fonctionnent très bien quand vous concevez une nouvelle maison.

Comme vous pouvez le voir, un espace de méditation peut varier dans sa conception. Il peut être petit, de manière à n'occuper que le coin d'une pièce avec un coussin, ou plus grand et plus élaboré, voire même jusqu'à créer une construction dédiée pour s'asseoir et méditer. Le but est d'avoir un endroit utilisé uniquement pour la méditation et qui se trouve dans votre propre maison.

Annexe II
Livres recommandés sur le Dhamma

Livres portant sur Vipassana

L'art de vivre par Bill Hart

Sayagyi U Ba Khin Journal (Le journal de Sayagyi U Ba Khin) (VRI)

The Clock of Vipassana has Struck (L'heure de Vipassana a sonné), Sayagyi U Ba Khin

Résumé des discours, S.N. Goenka

Pour le bien du plus grand nombre - discours et réponses aux questions d'étudiants Vipassana 1983-2000, S.N. Goenka (VRI).

The Essentials of Buddha Dhamma in Meditative Practice (Les fondamentaux du Dhamma du Bouddha dans la pratique de la méditation), Sayagyi U Ba Khin

Karma et Chaos par Paul Fleischman

Livres de base sur le Dhamma

L'enseignement du Bouddha, d'après les textes les plus anciens, Walpola Rahula

Dhammapada, Daw Mya Tin

The Buddha's Ancient Path (La voie ancienne du Bouddha), Piyadassi Thera

In the Buddha's Word, An Anthology (Avec les paroles de Bouddha, une anthologie), Bhikkhu Bodhi

Un guide pratique pour le méditant

Livres inspirants sur le Dhamma

Going Forth (L'ordination [se mettre en marche], un appel à la vie monastique bouddhiste, Samana Samanera (Une publication BPS Wheel)

The Buddha and his Disciples (Le Bouddha et ses disciples), Hellmuth Hecker, Venerable Nyanaponika Thera et Bhikku Bodhi

Letters from the Dhamma Brothers (Lettres des frères du Dhamma), Jenny Phillips

Livres historiques sur le Bouddha

The Life of the Buddha (la vie du Bouddha) *par* Ñāṇamoli Thera – *Historique et inspirant*

The Search for the Buddha (originally published as The Buddha and the Sahibs), (A la recherche du Bouddha (initialement publié sous le titre Le Bouddha et les Sahibs), de Charles Allen

The Historical Buddha (Le Bouddha historique) par H.W. Schumann – *ce livre fournit une description intéressante du contexte social et historique de la vie du Bouddha et de ses enseignements (bien qu'il ne parle pas de méditation)*

Livres avancés sur le Dhamma

The Udana (L'Udana), John Ireland

The Manual of Dhamma (Le manuel du Dhamma), Ledi Sayadaw

Apprendre le Pāli – les bases

The Gem Set in Gold (Le joyau serti d'or) – chants du cours de dix jours – bien pour apprendre le Pāli

The Pāli Workbook (Le livre d'étude du Pāli) – Lynn Martineau

Livres pour les pèlerins

Along the Path (Le long du chemin), Kory Goldberg & Michelle Décary

Middle Land Middle Way (Contrée du Milieu, Voie du Milieu), Vénérable S. Dhammika

Assurez-vous de consulter le site web *www.pariyatti. org* pour tous les joyaux qu'ils ont collectés et qui peuvent être téléchargés. Les livres cités ci-dessus devraient tous y être disponibles à la vente [en anglais du moins] ainsi que des CDs/MP3s et des videos/ MP4s. Des enregistrements audio de méditations de groupe d'une heure sont également disponibles en téléchargement gratuit.

Centres de méditation Vipassana

Des cours de méditation Vipassana dans la tradition de Sayagyi U Ba Khin telle qu'enseignée par S. N. Goenka sont proposés régulièrement dans de nombreux pays à travers le monde.

Des informations, la programmation des cours dans le monde entier et les formulaires d'inscription sont disponibles sur le site web de Vipassana :
www.dhamma.org
ou
www.french.dhamma.org

A PROPOS DE PARIYATTI

Pariyatti a pour vocation d'offrir un accès abordable aux enseignements authentiques du Bouddha portant sur la théorie (*pariyatti*) et la pratique (*paṭipatti*) de la méditation Vipassana. Pariyatti est une association à but non lucratif reconnue d'intérêt général (A 501(c)) depuis 2002, qui est donc soutenue par les contributions d'individus qui apprécient et souhaitent partager la valeur inestimable des enseignements du Dhamma. Nous vous invitons à consulter le site *www.pariyatti.org* pour en savoir plus sur nos programmes, nos services, et sur les manières de soutenir les publications et autres projets.

Publications de Pariyatti

Vipassana Research Publications (portant sur Vipassana tel qu'enseigné par S.N. Goenka dans la tradition de Sayagyi U Ba Khin)

BPS Pariyatti Editions (sélection de titres de la Buddhist Publication Society -Société de publication bouddhiste-, co-publiés par Pariyatti aux Amériques)

Pariyatti Digital Editions (titres audio et vidéo, incluant des discours)

Pariyatti Press (titres classiques réédités et écrits inspirants d'auteurs contemporains)

Pariyatti enrichit le monde en

- disséminant les paroles du Bouddha,
- offrant un soutien pour le voyage du chercheur,
- illuminant le chemin du méditant.